VERÖFFENTLICHUNGEN DES
HWWA-INSTITUT FÜR WIRTSCHAFTSFORSCHUNG-HAMBURG

Entwicklungen auf den Wohnungsmärkten der Bundesrepublik Deutschland

Manfred Ziercke

1982

Verlag Weltarchiv GmbH · Hamburg

CIP-Kurztitelaufnahme der Deutschen Bibliothek

Ziercke, Manfred:
Entwicklungen auf den Wohnungsmärkten der
Bundesrepublik Deutschland / Manfred Ziercke.
— Hamburg: Verlag Weltarchiv, 1982.
 (Veröffentlichungen des HWWA-Institut für
 Wirtschaftsforschung, Hamburg)
ISBN 3-87895-222-8

Verlag Weltarchiv GmbH, 2000 Hamburg 36
1982
Alle Rechte vorbehalten
Ohne ausdrückliche Genehmigung des Verlages ist es auch nicht gestattet, das Buch oder
Teile daraus auf photomechanischem Wege (Photokopie, Mikrokopie) zu vervielfältigen.
ISBN 3-87895-222-8

VORWORT

Die vorliegende Studie von Dr. Manfred Ziercke ist nicht im HWWA-Institut entstanden. Als präzise empirisch-wissenschaftliche Analyse der deutschen Wohnungsmärkte ist sie aber eine interessante Ergänzung zu den Arbeiten des HWWA. Der Verlag Weltarchiv hat sie deshalb gern zur Veröffentlichung angenommen.

Der Verfasser, als Geschäftsführer des Wohnungsbauunternehmens Neue Heimat Nord ein im deutschen Wohnungsbau an maßgeblicher Stelle tätiger Manager, hat seine intime Sachkenntnis in diese Studie eingebracht, ohne dabei von irgendwelchen Interessen geleitet zu sein. Vor dem Hintergrund der Entwicklungen im deutschen Wohnungsbau ist die Arbeit von großer Aktualität. Sie könnte, nicht zuletzt wegen des ausgewerteten umfangreichen Datenmaterials, zu einer Versachlichung der Diskussion über eine Wiederbelebung der deutschen Wohnungswirtschaft beitragen.

Armin Gutowski

INHALTSVERZEICHNIS

Seite

0. Ausgewählte Daten zu den Wohnungsmärkten der Bundesrepublik.......................... 9

   01. Besonderheiten des Wohnungsbaus in der Nachkriegszeit............................ 9

   02. Datenunsicherheit......................... 11

   03. Freie und gemeinnützige Träger des Wohnungsbaus............................. 14

   04. Eigentümerstruktur und Marktanteile auf dem Wohnungsmarkt der Bundesrepublik..... 20

1. Das System der Wohnungsmärkte................ 24

   1.1 Begriffe, Definitionen: Wohnbedürfnis, Wohnbedarf, Nachfrage nach Wohnraum...... 24

   1.2 Wohnungsteilmärkte........................ 29

   1.3 Preisbildungsmechanismus................. 38

   1.4 Das Investitionskalkül im Mietwohnungsbau................................ 41

2. Beispiele für Marktdefizite: Die Funktionsweise der Mietwohnungsmärkte für Sozialwohnungen....................................... 59

3. Soziales Management als ein Instrument zur Marktbeeinflussung und Marktregulierung...... 66

4. Die Zukunft der Wohnungsmärkte und offene Fragen....................................... 86

Verzeichnis der Anlagen........................ 93

0. AUSGEWÄHLTE DATEN ZU DEN WOHNUNGSMÄRKTEN DER BUNDESREPUBLIK

0.1 BESONDERHEITEN DES WOHNUNGSBAUS IN DER NACHKRIEGSZEIT

Kriegszerstörungen (2,1 Mio total zerstörte Wohnungen, 2-3 Mio leicht bis schwer beschädigte Wohnungen) und Flüchtlingsströme (8,7 Mio Flüchtlinge) waren die Hauptursachen der beobachteten Wohnungsnot nach dem II. Weltkrieg. Hieraus resultierte bis in die sechziger Jahre hinein eine vorwiegend quantitativ orientierte Wohnungsbaupolitik. Vor diesem Hintergrund, aber auch aufgrund nicht leistungsfähiger Kapitalmärkte nach der Währungsreform, entstand das Konzept des sozialen Wohnungsbaus,[1] nämlich weit überwiegend privater Wohnungsbau für die breiten Schichten der Bevölkerung als öffentliche Aufgabe mit direkter (öffentliche Baudarlehen) und indirekter (steuerliche Erleichterungen) öffentlicher Förderung.

Volkswirtschaftlich von Bedeutung ist, daß innerhalb von rund 35 Jahren wesentliche Teile des großen Nachkriegsbedarfs gedeckt worden sind. Gleichzeitig ist der Wohnungsstandard erheblich über das Vorkriegsniveau verbessert worden. In diesem Zeitraum beobachten wir die größte Wohnungsproduktion sowie die höchsten Wohnungsbauinvestitionen absolut und pro Kopf der Bevölkerung in der Geschichte Deutschlands. Nie ist in nur einer bzw. eineinhalb Generationen so viel gebaut worden, und dementsprechend ist die gesamte Volkswirtschaft auch nie zuvor durch das Baugeschehen so stark beeinflußt worden

----
1 Nach dem I. und II. WoBauG kann der soziale Wohnungsbau sowohl den öffentlich geförderten (sozialer Wohnungsbau im engeren Sinne), den steuerbegünstigten als auch Teile des freifinanzierten Wohnungsbaus umfassen, wenn dieser z.B. vom Mietpreis her für "breite Schichten des Volkes" geeignet ist. Im allgemeinen Sprachgebrauch wird unter sozialem Wohnungsbau der öffentlich geförderte verstanden.

Einige Daten verdeutlichen dies:
1919 wurden 60 861 Wohnungen fertiggestellt
1927 wurden 284 444 Wohnungen fertiggestellt
1935 wurden 263 810 Wohnungen fertiggestellt
jeweils im Deutschen Reich.
Bezogen auf Einwohner bedeutet dies:
1919 ≙ 9,7 Wohnungsfertigstellungen
1927 ≙ 44,4 Wohnungsfertigstellungen
1935 ≙ 39,5 Wohnungsfertigstellungen
je 10 000 Einwohner.

Im Vergleich dazu sind in der Bundesrepublik von 1949-1980 rund 16,5 Millionen Wohnungen fertiggestellt worden; im Durchschnitt der Jahre 1949-1980 wurden 88,1 Wohnungen je 10 000 Einwohner erstellt (Anlage 1 und 2).

Allein aus diesen Zahlen geht hervor, daß Produktion und Bewirtschaftung von Wohnungen im Rahmen der bundesdeutschen Wirtschaftsentwicklung nach dem Krieg eine erhebliche Rolle gespielt haben und natürlich auch noch spielen, nicht nur aus ökonomischer Sicht, sondern weil mit der Wohnung ein wesentlicher Teil des Lebensraumes aller Bürger berührt ist.[1]

----
1 Betrachtet man die im Vergleich zu anderen Industrien niedrige Kapitalintensität des Bauhauptgewerbes, die bedeutsame Rolle der Facharbeiter, die Zinsempfindlichkeit des Hochbaus und den Anteil des Bauhauptgewerbes am Bruttoinlandsprodukt, so ist die häufig beschriebene Bedeutung des Bauhauptgewerbes für die Gesamtkonjunktur offensichtlich.

Aus dem Umfang der Wohnungsbauinvestitionen wie auch aus der Entwicklung der spezifischen Preisindizes wird auch die erhebliche Vermögensbildung im und aus dem Wohnungssektor durch die Steigerung der Wiederbeschaffungswerte und die inflationsinduzierte Entwertung der Geldschulden deutlich (vgl. dazu auch M. ZIERCKE, Die redistributiven Wirkungen von Inflationen, Göttingen 1970, S. 142 ff; sowie ders.: Faktorpreisbildung III: Rente, Bodenpreise in : HdWW, S. 556 ff).

0.2 DATENUNSICHERHEIT

Angesichts der Bedeutung des Gutes Wohnen und der dargestellten Produktionsdaten könnte man zu dem Schluß kommen, daß umfassende Datenkenntnisse über die Wohnungsmärkte vorhanden sind.

In Lehrbüchern wie in wohnungspolitischen Schriften findet man Aussagen wie folgt: "In der Bundesrepublik gibt es 1976 ebenso viele Wohnungen wie Privathaushalte, nämlich rund 24 Millionen. Detaillierte Angaben über den Wohnungsbestand finden sich in der 1%-Wohnungsstichprobe, die 1972 veranstaltet worden ist."[1]

Oder: "Für die nachfragenden 23 Millionen Haushalte stehen etwa 24 Millionen Wohnungen zur Verfügung, von denen allerdings eine knappe Million Zweitwohnungen sind. Insgesamt ist gegenwärtig (1978! Anm. des Verf.) von einem leichten Wohnungsüberschuß auszugehen, der zwischen 100 000 und 400 000 liegen dürfte."[2]

Dabei ist jedoch zu berücksichtigen, daß die amtliche Fortschreibung des Wohnungsbestandes auf der Grundlage der letzten vorliegenden Wohnungszählung von 1968 erfolgt. Auf dieser Grundlage war die Annahme weit verbreitet, daß es bereits 1975 statistisch einen Ausgleich zwischen der Zahl der Haushalte und der der Wohnungen gegeben hat.

Eine Reihe von Faktoren ist hier - obwohl notwendige Grundlage für eine rationale Wohnungspolitik - bisher nicht ausreichend berücksichtigt worden; so bestehen erhebliche Er-

---

1 M. CARLBERG, Stadtökonomie, Göttingen 1978, S. 27.

2 K. H. BIEDENKOPF, M. MIEGEL, Wohnungspolitik am Wendepunkt, Stuttgart 1978, S. 17.

fassungs- und damit Datenunsicherheiten über Abbrüche, Nutzungsänderungen und Zusammenlegungen, über die Nutzung von Wohnungen als Zweit- und Ferienwohnungen. Ebenso gibt es unterschiedliche Auffassungen über die sogenannte Fluktuationsreserve, d. h. die nicht genutzten Wohnungen wegen Mieterwechsel. Vielfach wird diese Zahl mit 2-3 % des Bestandes angenommen. Genaue Kenntnisse über die mieterwechselbedingte und modernisierungsbedingte Fluktuationsreserve und über die Anzahl der Ferien- und Zweitwohnungen liegen nicht vor. Nimmt man mit Biedenkopf und Miegel eine Zahl von knapp einer Million Zweitwohnungen[1] an und unterstellt man mit Brintzinger eine Fluktuationsreserve von 3%, so ergibt sich 1978 bei einer Gesamtzahl von rund 23,4 Millionen Wohnungen (Wohnungsstichprobe 1978) bzw. Wohneinheiten und rund 24,2 Millionen Haushalten ein Fehlbedarf von 2,6 Millionen Wohnungen, immer aus statistischer Sicht.[2]

Allerdings treten auch nicht alle Haushalte als Bewerber auf dem Wohnungsmarkt auf. Auch hier gibt es keine klaren Erkenntnisse. Dazu gehören Haushalte in Wohnheimen oder Untermiethaushalte - von verschiedenen Seiten werden diese auf etwa 1,2 Millionen geschätzt -, so daß sich bei diesen Annahmen für 1978 ein Fehlbestand von rund 1,4 Millionen Wohnungen statistisch ergibt. Andererseits treten zunehmend Schüler, Auszubildende, Studenten, Ausländer und Aussiedler als selbständige Haushalte und damit als zusätzliche Nachfrager nach Wohnungen auf.

----
1 Die Wohnungsnutzung und eine entsprechende steuerliche Berücksichtigung (Kilometergeldpauschale) - wäre sie erfaßt - muß nicht notwendig der tatsächlichen Widmung entsprechen, zumal auch Doppelnutzung möglich ist.

2 Vgl. O. BRINTZINGER, Perspektiven der Wohnungspolitik der 80er Jahre, in: Freie Wohnungswirtschaft, Heft 5, 1980, S. 104 f.

Statistische Sicht bedeutet in diesem Zusammenhang den rein numerischen Vergleich von Anzahl der Wohnungen mit der Anzahl der Haushalte, ohne Berücksichtigung der Faktoren derzeitige Unterbringung, Zahlungsfähigkeit der Haushalte sowie Lage, Größe, Qualität der Wohnungen.

Für 1978 kann gesagt werden: Zwischen eine Million und zwei
Millionen Wohnungen haben nach groben Schätzungen vermutlich
gefehlt, wenn man Wohnungswünsche und Wohnungsbestand ver-
gleicht. Bis 1980 sind weitere ca. 750 000 Wohnungen gebaut
worden. In diesem Zeitraum sind ebenfalls Wohnungen umgewid-
met, abgerissen oder zusammengelegt worden. Ebenso hat sich
die Zahl der Haushalte verändert. Daraus ergibt sich, daß
auch die Fortschreibung der Daten mit Unsicherheit behaftet
ist. Hieraus wird ein erhebliches Dilemma der gesamten Wohnungspolitik deutlich. Ebenfalls fehlen regional zuverlässi-
ge Informationen über die Wohnungsmärkte (Bestände sowie Be-
stands- und Nachfrageentwicklungen) weitgehend.[1]

Das Ungleichgewicht zwischen Angebot und Nachfrage von Sozialwohnungen geht auch aus einer im Januar 1981 veröffent-

----
zu 2 Seite 12
  Die Wohnungsstichprobe 1978 (April)
  weist hochgerechnet 23,839 Millionen Wohneinheiten,
  und zwar   23,361 Millionen Wohnungen
  sowie   0,478 Millionen sonstige Wohneinheiten
  aus (Bestand und Struktur der Gebäude und Wohnungen, Ergebnis der
  1%-Stichprobe 1978, in: Wirtschaft und Statistik 5/80, S. 286).

  Häufig wird auch mit der Wohnungsanzahl 24,708 Millionen per
  31.12.1978 operiert. (Vgl. z.B. W. ENGELS, Mehr Kapital für den Wohnungsbau? unveröffentlichtes Manuskript, November 1980, Anlage II).
  Hierbei handelt es sich um die Fortschreibung der Gebäude- und Wohnungszählung von 1968, die mit verschiedenen Ungenauigkeiten bezüglich der Zahl der Abgänge (Abrisse, Umwidmungen) behaftet ist. Mit
  zunehmender zeitlicher Distanz zu der Totalerhebung werden die Ab-
  weichungen der fortgeschriebenen Daten von der Realität immer grös-
  ser.

1 Einige Entwicklungen, die für die Wohnungsbauinvestitionen (Umfang
  und Struktur) und damit auch für die Wohnungsbaupolitik bedeutsam
  sind, zeichnen sich ab. Dazu gehört beispielsweise:
  1. Ein zunehmender Ausländeranteil
  2. Eine erhebliche Zunahme der Haushalte (bis 1990 geschätzt von
     Prognos rund 1,7 Millionen)
  3. Zunahme der 1- bis 4-Personenhaushalte bis 1990 um drei Millionen.
     Verringerung der 5- und Mehr-Personenhaushalte um 1,25 Millionen
     (Schätzung Prognos)
  4. Das Verhältnis von Personen im Rentenalter zu Personen im Erwerbs-
     alter wird in den nächsten 50 Jahren zunehmen.

  Eine rationale Wohnungsbaupolitik muß diese Entwicklungen - bei allen
  Unsicherheiten - antizipieren.

lichten Studie der GEWOS über die Warteschlangen bei Wohnungsämtern eindrucksvoll hervor. Für Hamburg wird z.B. eine Warteschlange von 41 138 Wohnungssuchenden ausgewiesen. Die Mangelsituation in Ballungsgebieten ist unstritig; der Informationsgehalt, z.B. die Gründe für Wohnungswünsche und -wechsel, jedoch unbestimmt (Anlage 3).

Diese Datenunsicherheit über Bedarf, Bestand, Preise und Kosten der Wohnungen sowie die fehlenden Kenntnisse über die Einkommensverteilung der Mieter und deren Belastungsbereitschaft bedeutet eine volkswirtschaftliche Mangelsituation, die bei jährlich z.Z. (1980) über 100 Milliarden DM Investitionen und ca. 20 Milliarden DM Subventionen in den Wohnungsbau (Anlage 4) nicht zu vertreten ist. Hier bedarf es einer Verbesserung der Informationen als erste Basis für eine rationale Politik, die sich an regionalen Fakten orientieren muß. Investitionen in Statistiken haben hier hohe volkswirtschaftliche Produktivität.

03. FREIE UND GEMEINNÜTZIGE TRÄGER DES WOHNUNGSBAUS

Aus der historischen Entwicklung ist der Wohnungssektor - von der Wirtschaftsverfassung her gesehen - zweigeteilt, und zwar in die freien, erwerbswirtschaftlich orientierten Anbieter (Privatpersonen und Gesellschaften) und in die gemeinnützigen[1] Anbieter (juristische Personen, Gesellschaften und Genossenschaften, aber keine Privatpersonen).

----
1 Der Gesetzgeber hat den Begriff "Gemeinnützigkeit" zwar nicht definiert, aber Bedingungen für die Anerkennung als gemeinnütziges Wohnungsunternehmen festgelegt. Den als gemeinnützig anerkannten Anbietern sind marktliche Beschränkungen und bestimmte wirtschaftliche Verhaltensweisen auferlegt. Die gesetzlichen Rahmenbedingungen sind im Wohnungsgemeinnützigkeitsgesetz (WGG) und seiner Durchführungsverordnung (WGGDV) kodifiziert.

Trotz dieser mit der Gemeinnützigkeit verbundenen gesetzlichen Verpflichtungen bleibt "gemeinnützig" ein unbestimmter Rechtsbegriff. (Vgl. z.B. A. FLENDER, Die Wohnungsgemeinnützigkeit im Wandel der Zeiten, Hamburg 1969, S. 9 oder H. W. JENKINS, Die gemeinnützige

Zu letzteren gehören dem Gemeinwohl verpflichtete Gesellschaften und Genossenschaften als Nachfolgeorganisationen der im Zuge der Industrialisierung ab ca. 1848 entstandenen, nicht an der Gewinnerzielung orientierten Wohnungsbau-Selbsthilfeeinrichtungen für Arbeitnehmer.

----
zu 1 Seite 14
Wohnungswirtschaft zwischen Kritik und Reformvorschlägen - Eine Replik, München 1980, S. 17). Dieser muß durch sozial orientierte Handlungen und Verhaltensweisen, die dem "Gemeinwohl" dienen, mit Inhalt gefüllt werden.

Eine eindeutige objektive Bestimmung "des Gemeinwohls" scheitert in der ökonomischen Theorie an der eindeutigen Formulierung einer gesamtwirtschaftlichen Wohlfahrtsfunktion.

Einen generellen und zudem operationalen Inhalt von Gemeinwohl gibt es deshalb nicht. Die Chance und die Aufgabe der gemeinnützigen Wohnungswirtschaft liegt gerade darin, durch besondere Beiträge und Verhaltensweisen zu Lösungen von Problemen der Gesellschaft zu gelangen, die der Markt und/oder die Gesellschaft selbst (z.B. die öffentliche Hand) nicht löst.

Der freie Rahmen der Gemeinnützigkeit bietet die Chance einer freiwilligen, gemeinnützig unternehmerischen Entscheidung in dem vorgestellten Sinne, nämlich Marktdefizite zum Nutzen für die Gesellschaft zu korrigieren oder zu vermeiden.

Die unterschiedlichen "Produktionsbedingungen" im Wohnungssektor werden aus folgendem Schema deutlich:

Produktionsbedingungen im Wohnungsbau in Abhängigkeit von der Wirtschaftsverfassung

"Freie" Unternehmen bzw. Privatpersonen	Gemeinnützige Unternehmen
Steuerpflichtig (Einkommen- bzw. Körperschaftsteuer, Gewerbesteuer, Kapitalverkehrsteuer, Vermögensteuer, Erbschaftsteuer)	Steuerfreiheit nach WGG, WGGDV Ausnahme: Körperschaftsteuer auf ausgeschüttete Gewinne
Möglichkeit der Verwertung von Steuervorteilen z.B. degressive Abschreibung Absetzung von Werbungskosten (Bauherrenmodelle)	Keine Steuervorteile durch Abschreibungen und Werbungskosten Steuervorteile bei Rücklagen u. Rückstellungsbildung
Ausgleich von Verlusten aus Vermietung und Verpachtung mit anderen Einkunftsarten	
Möglichkeit der Realisierung von Vermieterrenten	Kostenmiete ist in allen Fällen absolute Obergrenze. Eine Realisierung von Vermieterrenten durch Mieterhöhungen im Zeitablauf ist ausgeschlossen
Keine Vermögensbindung und freie Vermögensdisposition	Dauerhafte Bindung des Vermögens
Keine Begrenzung der Gewinnausschüttung	Begrenzung der Dividendenausschüttung auf 4% der eingezahlten Kapitaleinlage
Keine Bauverpflichtung	Bauverpflichtung
Beteiligung an Baufirmen möglich	Verbot der baugewerblichen Tätigkeit (sowohl selbst als auch über Beteiligungen)
Keine Beschränkung im Geschäftszweck und -bezirk	Beschränkung des Geschäftszweckes im wesentlichen auf den Bau von Wohnungen und Folgeeinrichtungen, Übernahme von Trägerschaften nach dem Städtebauförderungsgesetz
Prüfung nur in Abhängigkeit von der Rechtsform (z.B. bei Aktiengesellschaften)	Pflichtprüfungen nach den Zielsetzungen des WGG u n d in Abhängigkeit von der Rechtsform.

Einwandfreie Aussagen, wie sich die Vor- und Nachteile der unterschiedlichen Zielsetzungen und Rahmenbedingungen insgesamt wirtschaftlich auswirken, liegen wissenschaftlich abgesichert nicht vor. Die Subvention (Steuerbefreiung) für die gemeinnützige Wohnungswirtschaft wird im Subventionsbericht der Bundesregierung für 1980 auf 71 Millionen DM geschätzt,[1]

---

[1] Aus dem Subventionsbericht sind für 1980 folgende Schätzungen zu entnehmen:

Steuervergünstigung für das Wohnungswesen

1. Steuerbefreiung der gemeinnützigen Wohnungs- und Siedlungsunternehmen

Körperschaftsteuer	50 Millionen DM	
Vermögensteuer	14 Millionen DM	
Gewerbesteuer	7 Millionen DM =	71 Millionen DM

2. Steuerbefreiung der Organe der staatlichen Wohnungspolitik — 120 Millionen DM

3. Befreiung des Gewerbeertrages aus der Betreuung von Wohnungsbauten und der Veräußerung von Eigenheimen usw. bei Grundstücksverwaltungsunternehmen — 9 Millionen DM

4. 10-jährige Grundsteuerbefreiung — 1 320 Millionen DM

5. § 82a-Abschreibung Modernisierung und Energieeinsparung — 440 Millionen DM

6. § 7b-Abschreibung — 4 100 Millionen DM

   6 060 Millionen DM

(Quelle: Bundestagsdrucksache 8/3097, Bonn 1979, S. 236 ff).

Prozentual beträgt der Anteil der Subvention der gemeinnützigen Wohnungswirtschaft rund 1,2%.

In der Anlage 4 werden die Subventionen für die gemeinnützige Wohnungswirtschaft einschließlich der Organe der staatlichen Wohnungspolitik mit 0,5 Milliarden angegeben (Pos. 4). Diese Zahl ist aus dem Subventionsbericht nicht ersichtlich, bzw. hier gehen die Schätzungen für 1980 von 71 Millionen DM aus (Körperschaftsteuer, Vermögensteuer, Gewerbesteuer). Erhebliche Rundungsdifferenzen müssen im Interesse einer sachlichen Diskussion überprüft werden. Prinzipiell würden sich im übrigen auch aus der Ziffer 0,5 Milliarden keine gesicherten Erkenntnisse ergeben, weil eben auch die Vorteile der freien Eigentümer nicht quantifiziert sind und die Restriktionen der gemeinnützigen Wohnungsunternehmen ebenfalls in die Bewertung einbezogen werden müssen.

im Vergleich zu der Summe aller Vermieterrenten wahrscheinlich ein geringer Betrag.[1]

Wenn - wie häufig ohne Analyse behauptet wird - die Vorteile der gemeinnützigen Wohnungswirtschaft überwiegen, stellt sich die Frage, warum sich nicht mehr Unternehmen bzw. Unternehmer der Möglichkeit bedienen, auf der Basis der gemeinnützigkeitsrechtlichen Bestimmungen tätig zu sein.

Die unterschiedlichen wirtschaftlichen Produktionsbedingungen sollen an einem einfachen Beispiel, nämlich einer Fenstermodernisierung und den dafür geltenden rechtlichen Vorschriften, kurz vorgestellt werden (Anlage 9).

----
[1] Röper und Schmid behaupten in einer Untersuchung der Kommission für wirtschaftlichen und sozialen Wandel:

"Freie Bauherren können nur bei Neuvermietung ihre Marktmacht ausnutzen, sonst sind sie durch das Wohnraumkündigungsschutzgesetz an die Vergleichsmiete gebunden. Bei GWU fällt der Nachweis der Vergleichsmiete fort, sie können die Miete nur erhöhen, wenn ihre Kosten gestiegen sind, ohne Rücksicht auf die Mieten vergleichbarer Objekte."

(B. RÖPER unter Mitarbeit von J. SCHMID und anderen, Theorie und Praxis der gemeinwirtschaftlichen Konzeption, Göttingen 1976, S. 197).

Diese Formulierungen können zu falschen Schlüssen verleiten:

Erstens können freie Bauherren die Miete für ihre Wohnungen, die nicht der II. Berechnungsverordnung unterliegen, auf der Grundlage des Gesetzes zur Regelung der Miethöhe (MHG) erhöhen und mit der Zeit zusätzliche Gewinne in Form steigender Vermieterrenten realisieren.

Zweitens fällt bei den gemeinnützigen Unternehmen für alle Wohnungen, die dem MHG unterliegen, der Nachweis der Vergleichsmiete keinesfalls fort. Neben der Kostenmiete ist vielmehr auch die Vergleichsmiete nachzuweisen. Ist die Kostenmiete niedriger als die Vergleichsmiete, dürfen gemeinnützige Wohnungsunternehmen nur die Kostenmiete erheben, freie Eigentümer von Wohnungen jedoch die höhere Vergleichsmiete. Liegt die Kostenmiete höher als die Vergleichsmiete, besteht eben keine einseitige Mieterhöhungsmöglichkeit bei den gemeinnützigen Wohnungsunternehmen. Das gilt auch für freie Wohnungseigentümer.

Bei allen Modernisierungsmaßnahmen fallen in großem Umfang
Kosten an, die nach dem Modernisierungs- und Energieeinsparungsgesetz, der II. Berechnungsverordnung und dem Gesetz
zur Regelung der Miethöhe nicht auf die Miete umgelegt werden ("unrentierliche Kosten").
Sie verbleiben als Instandhaltungsaufwand beim Investor.
Bei Einkommen- und Körperschaftsteuerpflicht reduziert sich
dieser Betrag um die Steuerersparnis.
Aus den in Anlage 9 dargestellten Investitionsrechnungen ergibt sich eine Benachteiligung der gemeinnützigen Unternehmen.[1]

Im übrigen zeigt dieses Beispiel deutlich, daß die Wahlmöglichkeit nach dem Modernisierungs- und Energieeinsparungsgesetz sowie gemäß § 82a der Einkommensteuerdurchführungsverordnung (Zuschüsse oder Sonderabschreibungen) bei gleicher
Investition zu unterschiedlichen Kostenmieten und unterschiedlichen Investitionsrenditen führt.

----
1 Aussagen wie: "Wohnungsbaugesellschaften, insbesondere die gemeinnützigen Unternehmen, haben die Fördermittel vergleichsweise häufiger in Anspruch genommen als private Eigentümer[19]" und die Folgerung daraus in einer Fußnote: "19). Dabei ist zu beachten, daß der Anreiz zur Modernisierung für gemeinnützige Unternehmen ohnehin groß ist, weil dadurch eine Anpassung der Kostenmiete an die Wiederbeschaffungskosten möglich wird." (H. TOMANN, Existiert eine Wohnungsnot?, in: Wirtschaftsdienst 1981/XII, S. 595) berücksichtigen folgende Tatbestände nicht oder nicht ausreichend:

1. Die privaten Eigentümer haben statt der direkten Förderung in vielen Fällen eine indirekte Förderung in Form erhöhter Absetzungen gewählt. Dies ist für gemeinnützige Unternehmen nicht möglich.

2. Öffentliche Restriktionen, z.B. Genehmigung und Prüfung der Angemessenheit der Kosten und Mieten lassen sich bei indirekter Förderung ausschließen.

3. Der Anreiz zur Modernisierung für gemeinnützige Wohnungsunternehmen besteht in der Schaffung moderner Wohnqualitäten angesichts der schlichten Erkenntnis, daß Zuwarten aus mehreren Gründen, auch aus gesellschaftspolitischer Sicht, hohe Kosten verursacht (vgl. dazu M. ZIERCKE, Ansätze zur Erhaltung und Erneuerung von Stadtteilen, in: Neue Heimat Monatsheft 10/1981, S. 30 ff).
Jede Modernisierung ist aus betriebswirtschaftlicher Sicht bei gemeinnützigen Wohnungsunternehmen, wie exemplarisch aus den angeführten Beispielen hervorgeht, mit unrentierlichen Kosten ver-

0.4 EIGENTÜMERSTRUKTUR UND MARKTANTEILE AUF
    DEM WOHNUNGSMARKT DER BUNDESREPUBLIK

1978 betrug der Wohnungsbestand in der Bundesrepublik Deutschland (Ergebnis der 1%-Wohnungsstichprobe) rund 23,4 Millionen Wohnungen. Hochgerechnet ergibt sich für 1980 ein Wohnungsbestand in der BRD von rund 24,0 Millionen (Anlage 5). Der überwiegende Teil dieser Wohnungen befindet sich in privater Hand. Nach der Wohnungsstichprobe, der ein bewohnter Bestand von 22,6 Millionen Wohneinheiten zugrunde lag, gehören rund 80 % aller Wohneinheiten privaten Eigentümergruppen (Anlage 8).

Der Anteil der gemeinnützigen Wohnungsunternehmen am Bestand aller Wohnungen betrug 1960 13,1% und erhöhte sich bis 1980 geringfügig auf 13,2% (Anlage 5).

Bei den Wohnungsfertigstellungen in der BRD fiel der Anteil der gemeinnützigen Wohnungsunternehmen von 30,3% im Jahr 1965 auf 11,3% im Jahr 1980. Bei den Fertigstellungen im sozialen Wohnungsbau betrug der Anteil der gemeinnützigen Wohnungsunternehmen 1960 28,9% und 1980 20,9% (Anlagen 6, 7).

Der Wohnungsbestand der gemeinnützigen Wohnungsunternehmen betrug 1980 rund 3,3 Millionen. Davon befanden sich 96,7% in Wohngebäuden mit drei und mehr Wohnungen (Anlage 5). Von den insgesamt 3,3 Millionen Wohnungen der gemeinnützigen Wohnungsunternehmen wurden 72,2% öffentlich gefördert (Anlage 13). Regionalverteilungen zeigen, daß gemeinnützige Wohnungsunternehmen in Stadtstaaten stärker vertreten sind als in den übrigen Bundesländern (Hamburg 33,3% gegenüber Rheinland-Pfalz/Saarland 6,5%) (Anlage 12).

----
zu 1 Seite 19
    bunden. In keinem Fall wird eine Anpassung der Kostenmiete an die Wiederbeschaffungskosten möglich, und zwar schon deswegen nicht, weil das Erstarrungsprinzip sowohl für die ursprünglichen wie auch für die nachträglichen Herstellungskosten gilt.

Demgegenüber wird vielfach die Meinung vertreten, die Neue Heimat als größtes deutsches gemeinnütziges Wohnungsunternehmen sei auf Wohnungsmärkten, insbesondere im Mietwohnungssektor, marktbeherrschend. Zutreffend ist, daß die Neue Heimat seit dem Bestehen ihrer Gesellschaften rund 500 000 Wohnungen und Verkaufseigenheime gebaut hat (Anlage 10) und das größte Wohnungsunternehmen in der Bundesrepublik ist.

Es ist auch zutreffend, daß die Neue Heimat, betrachtet man alle Gesellschaften wiederum insgesamt, und zwar die sieben Regionalgruppen inkl. der jeweiligen Tochtergesellschaften, nicht nur bezüglich der Produktion, sondern auch des eigenen Wohnungsbestandes das größte Wohnungsunternehmen in der Bundesrepublik ist (1980: rund 320 000 eigene Wohnungen) (Anlage 11).

Im Verhältnis zum gesamten Wohnungsbestand in der Bundesrepublik werden diese Zahlen jedoch relativiert, nämlich: Der Anteil des Mietwohnungsbestandes der Neuen Heimat am Gesamtbestand aller Wohnungen in der Bundesrepublik lag 1970 bei 1,13%. Er ist in den 70er Jahren auf rund 1,3% angestiegen (1980: 1,33%) (Anlage 11).

Von 1950 bis 1979 wurden von der Unternehmensgruppe Neue Heimat insgesamt 47 580 Wohnungen in Form von Eigentumsmaßnahmen (Eigentumswohnungen, Einzelhäuser, Reihenhäuser etc.) erstellt und verkauft (Anlage 10). Im Vergleich zu der Gesamtproduktion von Eigentumsmaßnahmen bzw. im Vergleich zu dem Gesamtbestand von Wohnungen ist diese Zahl klein.

Die Verteilung und die regionalen Anteile des Mietwohnungsbestandes Anfang 1980, bezogen auf die einzelnen Bundesländer, ergeben einen weiteren Überblick über den Umfang der Teilnahme der Neuen Heimat auf regionalen Teilmärkten.

Beträgt der Anteil der Mietwohnungen der Neuen Heimat am Gesamtwohnungsbestand rund 1,3% aller Wohnungen, so schwanken regional die Anteile zwischen 0,2% (Rheinland-Pfalz und Saar) und 18% (Bremen). Insgesamt liegen die Anteile in den Flächenstaaten, mit Ausnahme von Niedersachsen und Schleswig-Holstein, unter 1%, die in den Ballungsgebieten Hamburg bei 4,7% und in Berlin bei 1,6%.

Der hohe Anteil in der Freien und Hansestadt Bremen erklärt sich daraus, daß die Neue Heimat in Bremen die Funktion hatte, die in Hamburg von der stadteigenen SAGA wahrgenommen wird. Das Land Bremen hat auf kommunalen Wohnungsbau in nennenswertem Umfang mittels eigener Gesellschaften verzichtet (Anlage 12).

An dieser Stelle muß angemerkt werden, daß die Neue Heimat in vielen Städten, besonders in den Flächenländern, überhaupt nicht mit eigenen Wohnungen vertreten, auf diesen Märkten also gar nicht Marktteilnehmer ist.

Der Anteil der Neuen Heimat am Wohnungsbestand der gemeinnützigen Unternehmen belief sich Anfang 1980 auf rund 9,5% (Anlage 12).

Aus diesen Daten folgt, daß die Neue Heimat insgesamt nicht marktbeherrschend ist.[1] Allerdings kommt ihr als Anbieter auf vielen Teilmärkten eine bedeutsame Rolle bei der Wohnraumversorgung zu. Die Steigerung der Anteile der Neuen Heimat in den siebziger Jahren beruht darauf, daß sich andere

---

1 Die Möglichkeit, Marktbeherrschung auszuüben, hängt von der Marktsituation (Größe, örtliche Abgrenzung, Zahl und Art der Anbieter etc.), insbesondere von der Möglichkeit, Preispolitik auch in bezug auf Preiserhöhungen durchzusetzen, ab.

Bezogen auf Gemeinden oder Stadtteile gibt es kaum Monopole oder Oligopole, sondern häufig eine Struktur, wo eine Vielzahl kleinerer Eigentümer und einige größere Eigentümer vorhanden sind. Sobald es sich um öffentlich geförderte Wohnungen bzw. Wohnungen gemeinnütziger Unternehmen handelt, ist Preispolitik "nach oben" ohnehin nicht möglich.

Investoren - freie und gemeinnützige - wegen der Kosten/Ertrags-Situation aus dem Mietwohnungsbau weitgehend zurückgezogen haben, weil die gestiegenen Kosten nicht mehr durch höhere öffentliche Mittel neutralisiert wurden. Deswegen ist der Anteil des Mietwohnungsbaus in den letzten Jahren insgesamt rückläufig (Anlage 2).

Die Investitionspolitik der Neuen Heimat verdeutlicht, daß außerhalb des erwerbswirtschaftlichen Kalküls die sozial orientierte Bauverpflichtung im Interesse der Wohnungssuchenden im Vordergrund steht (Anlagen 2, 13, 14).

Aus Anlage 13 ist auch ersichtlich, daß der Anteil der Sozialwohnungen bei den gemeinnützigen Wohnungsunternehmen mit 72,2% (Neue Heimat : 82,4%) erheblich höher ist als bei den übrigen Eigentümern (28,3%).[1] Nur bei nicht öffentlich geförderten Wohnungen sind steigende Vermieterrenten durch Mieterhöhungen im Zeitablauf möglich.

Soweit sollte die Vorstellung einiger deskriptiver quantitativer Daten die folgende Diskussion des Systems der Wohnungsmärkte vorbereiten.

----
1 Allerdings hat sich die Produktionsstruktur der Neuen Heimat in den letzten zehn Jahren erheblich verändert (Anlage 14).

1. DAS SYSTEM DER WOHNUNGSMÄRKTE
1.1 BEGRIFFE, DEFINITIONEN: WOHNBEDÜRFNIS, WOHNBEDARF, NACHFRAGE NACH WOHNRAUM

Unstrittig ist, daß die Nutzung des Gutes Wohnung wie Essen und Trinken zu den grundlegenden Bedürfnissen menschlichen Daseins gehört.

Das individuelle Wohnbedürfnis schlägt sich im mikroökonomischen Wohnbedarf eines Haushaltes nieder. Er ist also Ausdruck und Abbild des Wohnbedürfnisses und äußert sich u.a. in folgenden Formulierungen:
"Ich wünsche mir eine 'bestimmte' Wohnung" oder
"Ich betrachte diese Wohnung für mich als angemessen."

Solche subjektive Bewertung erfolgt für jede Wohnung und für jedes Individuum verschieden. Die subjektive Bestimmung des individuellen Bedarfs erfolgt unter den Bedingungen oder Nebenbedingungen, z.B. daß man sich die "gewünschte" Wohnung leisten kann,
daß sie vorhanden ist,
daß sie als Sozialwohnung, subventioniert durch die öffentliche Hand, zur Verfügung steht,
daß man sie unter Verzicht auf andere Einkommenverwendungen nutzen, erwerben (mieten oder kaufen) kann,
daß sie noch gebaut - gefördert - werden muß,
daß sie eine bestimmte Lage, Struktur, Ausstattung, Wohnumgebung hat.

Der subjektive Bedarf ist durch persönliche Erfahrungen, durch Beobachtungen, durch gesellschaftliche Normen, daran orientierten Wunschvorstellungen und politischen Wertungen geprägt. Angesichts des Wohnungsversorgungsniveaus in der Bundesrepublik, eines der höchsten in der Welt, haben sich in den letzten Jahren hohe individuelle Ansprüche entwickelt.

Diese Überlegungen machen ersichtlich, daß in Abhängigkeit von der Definition der Begriff "subjektiver Wohnbedarf" einen unterschiedlichen Inhalt haben kann.[1]

Die Frage, die sich hieran anschließt, ist die nach der Zusammenfassung aller mikroökonomischen Bedarfe zu dem gesamtwirtschaftlichen makroökonomischen Wohnbedarf, der für die Wohnungspolitik bedeutsam ist.

Der Gesetzgeber hat sich, wie eingangs dargestellt, der Wohnungsbauförderung als öffentliche Aufgabe angenommen und formuliert in § 1 des II. WoBauG:

"(1) Bund, Länder, Gemeinden und Gemeindeverbände haben den Wohnungsbau unter besonderer Bevorzugung des Baues von Wohnungen, die nach Größe, Ausstattung und Miete oder Belastung für die breiten Schichten des Volkes bestimmt und geeignet sind (sozialer Wohnungsbau), als vordringliche Aufgabe zu fördern.

(2) Die Förderung des Wohnungsbaues hat das Ziel, den Wohnungsmangel zu beseitigen und für weite Kreise der Bevölkerung breitgestreutes Eigentum zu schaffen. Die Förderung soll eine ausreichende Wohnungsversorgung aller Bevölkerungsschichten entsprechend den unterschiedlichen Wohnbedürfnissen ermöglichen und diese namentlich für diejenigen Wohnungssuchenden sicherstellen, die hierzu selbst nicht in der Lage sind. In ausrei-

---
[1] Vom subjektiven Bedarf ist der objektive Bedarf abzugrenzen. Unter objektivem Bedarf soll der gesellschaftspolitisch anerkannte bzw. wünschenswerte Bedarf verstanden werden. Aus der Begrenzung der zur Verfügung stehenden Finanzmittel ergeben sich vielfach Unterschiede zwischen Ziel und Realisierungsmöglichkeiten. Diese hängen entscheidend von der Leistungsfähigkeit der Volkswirtschaft und von der individuellen und gesellschaftlichen Budgetaufteilung ab. Angemessenheit der Wohnung und individuelle Leistung dafür können nicht voneinander getrennt werden.

chendem Maße sind solche Wohnungen zu fördern, die die Entfaltung eines gesunden Familienlebens, namentlich für kinderreiche Familien, gewährleisten. Die Förderung des Wohnungsbaus soll überwiegend der Bildung von Einzeleigentum (Familienheimen und eigengenutzten Eigentumswohnungen) dienen. Zur Schaffung von Einzeleigentum und Dauerwohnbesitz sollen Sparwille und Bereitschaft zur Selbsthilfe angeregt werden."[1]

Ist diese an dem Zustand im Nachkriegs-Deutschland orientierte Formulierung nun wohnungspolitisch operational? Können hieraus schließlich quantitative Ziele für die Wohnungspolitik abgeleitet werden?

So drängt sich die ungeklärte Frage sehr schnell auf: Wie soll nämlich die Dimension "Lage", "Größe" oder "Wohnform" operational, d.h. als faktisch anzustrebende Zielsetzung, formuliert werden?

Die Unmöglichkeit der Quantifizierbarkeit wird unmittelbar deutlich: Die Summe der individuellen Bedarfe könnte im Extremfall zu dem Ergebnis führen: Alle Hamburger möchten eine Wohnung mit Blick auf die Alster. Sollen die wenigen Wohnungen mit Alsterblick dann verlost werden, oder sollen gar die Wohnungen alle zwei Jahre neu zugeteilt werden, und wie werden dann die Transaktionskosten verteilt?

Es gibt also keinen operationalen gesamtwirtschaftlichen, makroökonomischen Inhalt von Wohnungsbedarf. Diesen gibt es nur auf einem qualitativen Niveau, der sehr allgemein bleibt: "Jeder Bürger muß eine angemessene Wohnung haben." Den vielen bekannten Aggregationsproblemen kann dieses hinzugefügt werden.

----
1 § 1 II. WoBauG

Allerdings gibt es einen marktwirksamen Bedarf, nämlich die
kaufkräftige Nachfrage, die Summe aller individuellen Nachfragen in Abhängigkeit von Preis, Einkommen und Vermögen sowie Ausgaben- bzw. Belastungsbereitschaft, von Zahlungsmöglichkeiten auch aufgrund von Wohngeldansprüchen.

Die Grundlagen der Wohnungspolitik sind aus diesem Blickwinkel unklar definiert. 20 Milliarden DM jährliche öffentliche
Subventionen für den Wohnungsbau machen es aber unbedingt
erforderlich, daß der marktwirksame Bedarf, d.h. die Nachfrage nach Wohnraum im Hinblick auf administrierte, subventionierte bzw. nicht administrierte Preise, auf Einkommensstruktur und -verteilung sowie Ausgaben- bzw. Belastungsbereitschaft, Zahlungsmöglichkeiten und -grenzen deutlicher
als bisher in die zukünftigen Überlegungen einbezogen werden
muß.

Entscheidend für die Bestimmung des gesamtwirtschaftlichen
Bedarfs ist die insgesamt wirksam werdende Nachfrage bei
gleichzeitiger finanzieller Absicherung des Grundbedürfnisses Wohnen, über Individualförderung und/oder über objektgebundene Förderung, z.B. für besondere Wohnformen bzw. Angebotssteuerungen für spezielle Gruppen in bestimmten Regionen. Hier muß die öffentliche Hand Ziele vorgeben und Mittel bereitstellen.[1]

----
1 Politisch normativ müssen Ziele für den Mietwohnungsbau festgelegt
werden. Dabei ist die Frage von Bedeutung, welche Rolle (und welche
Belastung bzw. Eigenleistung) dem einzelnen zuzumessen ist, welchen
Raum die Gesellschaft kollektiv einnehmen soll und wie dieser gestaltet wird (z.B. Belastungsverteilung).

In diesem Zusammenhang ergibt sich eine gesellschaftspolitisch brisante Frage: Welcher mangels Kaufkraft nicht in Nachfrage transformierbare Bedarf soll gesellschaftlich durchgesetzt werden?

Hierzu ist eine Beantwortung der Frage notwendig: Was ist angemessener Bedarf, und zwar einmal aus normativer Sicht und zum anderen
aus finanzieller Sicht. Muß diese Frage für unterschiedliche Gruppen möglicherweise qualitativ und quantitativ verschieden beantwortet werden? Was ist angemessener Bedarf von Studenten (eigene Woh-

zu 1 Seite 27
nung oder Untermietverhältnis), und was ist der gesellschaftspolitisch angemessene Bedarf für alte Menschen oder Ausländer? Wie entscheidet sich die Gesellschaft, wenn sie nicht alles gleichzeitig erfüllen kann, z.B. sozial tolerierbare Altenwohnungen und Untermietverhältnisse von Studenten oder gesellschaftspolitische Tolerierung des Nebeneinanders von Unterbelegung und Warteschlangen von wohnungssuchenden Arbeitnehmerfamilien? So extrem könnten Alternativen durchaus lauten. Die Entscheidung ist von den Politikern zu fällen, und zwar so, daß die einzelnen Gruppen dies transparent nachvollziehen können.

1. Der Staat kann durch Individualförderung, so z.B. Wohngeldzahlungen, die einzelnen Bürger in die Lage versetzen, sich den Wohnraum zu verschaffen, der ihrem Bedarf oder dem gesellschaftspolitisch zugestandenen Bedarf entspricht.

2. Die Individualförderung kann ergänzt werden durch besondere Maßnahmen, die die öffentliche Hand für bestimmte Gruppen, denen es an Kaufkraft objektiv mangelt, mit objektbezogenen Subventionen erstellt. Dazu gehören etwa Wohnungen für Alte, Wohnungen für Behinderte oder auch Wohnraum für Studenten, z.B. Studentenheime, familiengerechter Wohnraum für junge Familien. In diesem Zusammenhang muß im Rahmen der Objektförderung auch die regionale Komponente, so z.B. die besondere Mangelsituation in Ballungsgebieten berücksichtigt werden.

   Auch das Problem der Wohnfähigkeit, die Problematik von Wohnlagern, die Wohnungsversorgung von psychisch Kranken etc., darf nicht übersehen werden und muß zwangsläufig in die Betrachtung - auch die politische - einbezogen werden.

3. Die dritte Alternative ist kommunaler Wohnungsbau und die öffentliche Zuteilung dieser Wohnungen an Wohnungssuchende, wobei der Zuteilungsmechanismus sowie die sich daraus ergebende Verteilung von Vor- und Nachteilen ebenfalls ungeklärt ist. Durch Kommunalisierung werden beispielsweise Konsumentenrenten nicht grundsätzlich vermieden.

Für den heutigen Zustand in der Wohnungsbaupolitik, die beispielsweise gekennzeichnet ist durch Mietenverzerrung, "zufällige" Verteilung von Vor- und Nachteilen - auch in der Diskussion -, ist die Rechtfertigung nicht in Theoriedefiziten zu suchen. Vielmehr erzeugen Wissenschaftler, Experten und Politiker durch gezielte Meinungsbildung eine Tabuisierung von Problemen. Eine kritische Analyse unterbleibt.

Akzeptiert man die Nachfrage mit als Steuerungselement, ist darauf zu achten, daß keine ungerechtfertigten Vermieterrenten entstehen. Die Neutralisierung einer entstehenden Einkommensumverteilung zugunsten der Grundeigentümer kann durch eine entsprechende Ausgestaltung des Steuersystems erreicht werden (z.B. Behandlung der Einkünfte aus Vermietung und Verpachtung, zeitnahe Bewertung im Rahmen der Vermögensbesteuerung des Grundvermögens). Mehrerträge aus solchen Positionen könnten der Individualförderung zugeführt werden.

1.2 WOHNUNGSTEILMÄRKTE

Die regionalen Märkte für unterschiedliche Wohnobjekte sind sehr differenziert. Auf jedem einzelnen Wohnungsmarkt, dem jeweiligen Wohnungsteilmarkt, treffen Angebot und Nachfrage nach dem Gut Wohnen aufeinander. Preise entstehen (Marktpreise, Vergleichsmieten) oder sind fixiert (administrative Preisfestsetzung: Kostenmiete im öffentlich geförderten Wohnungsbau bzw. bei gemeinnützigen Wohnungsbaugesellschaften).

Die Differenzierung der Wohnungsteilmärkte ist vielschichtig, z.B. nach Lage, Größe der Wohnanlagen, privatem und öffentlichem Wohnumfeld, Baujahr, Nutzungsdauer, Art und Ausstattung des Gutes oder derzeitiger und erwarteter Belastung.

Marktzugang, Marktchancen und Information der Nachfrager und deren Kaufkraft und Ausgabebereitschaft für Wohnungsnutzungen sind aufgrund der Einkommens- und Vermögensverteilung sowie der Ausgabepräferenzen bei den verschiedenen Nachfragergruppen sehr unterschiedlich verteilt. Zudem ändern sich Präferenzen im Zeitablauf; so Präferenzen für Wohnformen, z.B. für das Wohnen in Wohngemeinschaften, Änderung der örtlichen Präferenzen (Wohnen im Grünen) oder Präferenzen hinsichtlich der Belastungen usw.[1]

----
1 37 Jahre nach Ende des zweiten Weltkrieges wird zunehmend Vermögen an Grundeigentum durch Vermögensübertragung, z.B. Erbschaften, gebildet. Kinder erben nach dem Krieg erstellte und weitgehend entschuldete Häuser und Eigentumswohnungen. In diesen Fällen hängt die Nachfrage nach dem Gut Wohnen nicht primär vom Einkommen ab.

Andererseits ergeben sich - und dies tritt in der letzten Zeit häufiger auf - durch das hohe Zinsniveau erzwungenermaßen Nachfrageumschichtungen. Wohnungseigentümer sind nicht mehr in der Lage, die hohen finanziellen Belastungen zu tragen. Ein Wechsel in eine Mietwohnung erfolgt somit zwangsläufig. Allerdings ist in Ballungsgebieten auch zu beobachten, daß Eigentümer wieder auf Mietwohnungsmärkte zurückkehren, um Vermögenszuwächse zu realisieren und dadurch ihre Wohnbelastung zu verringern.

Die Differenziertheit der einzelnen Teilmärkte kann anhand der folgenden
Grafik verdeutlicht werden:

Angebotssystem der Wohnungsteilmärkte

Art des Gutes:	Eigentumsobjekte (1)	Mietwohnungen (2,3)
Art der Preisbildung:	Kaufpreise	Mietpreise
Anbieter:	Freie Wohnungsbaugesellschaften bzw. Bauträger oder Architekten	(2) Freie Wohnungsbaugesellschaften
	Gemeinnützige Wohnungsbaugesellschaften	Privatpersonen
	Privatpersonen	Vermögensanlagegesellschaften etc.
	Vermögensanlagegesellschaften etc.	(3) Gemeinnützige Wohnungsbaugesellschaften

---

zu 1 Seite 29

20-30 Jahre nach der Erstellung von selbstgenutztem Eigentum ändern
sich mit fortschreitendem Alter und bei veränderter Haushaltsgröße
die Nutzungsvorstellungen. Viele Einheiten werden so für neue Nutzungen frei. Dieses zu niedrigen - weil früheren - Herstellungskosten
produzierte Zweit- bzw. Altangebot konkurriert zunehmend mit Erstangeboten, die in Herstellung ein Vielfaches kosten. Diese Entwicklung
und ihr Einfluß auf die Angebots- und Preisstruktur ist noch nicht
genauer untersucht worden.

Zu beobachten ist auch, daß Preisdifferenzen zwischen Stadt und Land
oder zwischen unterschiedlichen Wohnformen (z.B. Einfamilienhaus und
Eigentumswohnung) auch bei Alteigentümern Substitutionseffekte auslösen, um Differentialrenten abzuschöpfen.

(1) Eigentumsobjekte

Eigenschaften: Lage
              Struktur
              Wohnumfeld
              Baualter
              Ausstattung

Anbieter: Freie Wohnungsbaugesellschaften
          Bauträger, Architekten
          Gemeinnützige Wohnungsunternehmen
          Privatpersonen
          Vermögensanlagegesellschaften

Preisbildung
Ersterwerb: – Anbieter nicht gemeinnütziger Wohnungsunternehmen
            – freie Preisbildung (Angebot und Nachfrage)

            – Anbieter gemeinnütziger Wohnungsunternehmen
            – Beschränkung auf Selbstkosten, d.h. Bauwert + 5% Kaufpreiszuschlag aus den Vertriebskosten, Investitionsrisiko etc. zu entrichten sind.

Einzelhaus
- konventionelles Architektenhaus
- Bauträgerhaus
- Selbsthilfehaus
- Fertighaus etc.
- neu/gebraucht

Reihenhaus
- konventionelles
- Fertighaus
- Partnerhaus
- Selbsthilfehaus
- neu/gebraucht

Gebrauchtwohnungsmarkt:
            – Anbieter nicht gemeinnütziger Wohnungsunternehmen
            – freie Preisbildung (Angebot und Nachfrage)

Eigentumswohnungen
- neuerstellte

- Gebrauchtwohnungen
  (Sollvorschrift in § 63 II. WoBauG zur Umwandlung von Miet- in Eigentumswohnungen)

            – Spezialfall:
              Umwandlung von Miet- in Eigentumswohnungen – bei gemeinnützigen WU:
              Preisbildung nach Wiederbeschaffungswert nach Wohnungsgemeinnützigkeitsgesetz (betriebswirtschaftlicher Wiederbeschaffungswert abzüglich mindestens 1% Abschreibung pro Jahr)

(2) Mietwohnungen

Eigenschaften: Lage
Struktur
Wohnumfeld
Baualter
Ausstattung

Anbieter: Freie Wohnungsbaugesellschaften
Privatpersonen
Vermögensanlagegesellschaften etc.

Preisbildung: Bei Neuabschlüssen freie Vereinbarung.
Bei neuerstellten: Diskussion Staffelmiete.

Freie Wohnungen

- Altbau (erstellt vor 1948)
  modernisiert
  nicht modernisiert
- steuerbegünstigte
- freifinanzierte

) Bestandsmieten bzw. Mieterhöhungen nach dem Gesetz zur Regelung der
) Miethöhe (MHG), (Vergleichsmietenprinzip, Mietenspiegel)
) Erhöhung 11% der Kosten bei Modernisierung
) Realisierung von Vermieterrenten durch Mieterhöhungen möglich

Sozialwohnungen

Nach II. Berechnungsverordnung (BV) und Wohnungsbindungsgesetz: Kostenmiete auf der Basis der ursprünglichen Herstellungskosten. Keine Realisierung von Vermieterrenten durch Mieterhöhungen möglich, aber: unterschiedliche Finanzierungsformen, unterschiedliche Höhe der Herstellungskosten in Abhängigkeit vom Förderungs-Jahrgang, Festzinshypotheken, variable Zinsen, Aufwendungszuschüsse, Aufwendungsdarlehen - daher unterschiedliche Mieten bei vergleichbaren Wohnungen möglich.

(3) Mietwohnungen

Eigenschaften: Lage
Struktur
Wohnumfeld
Baual=er
Ausstattung

Anbieter: Gemeinnützige Wohnungsunternehmen
- Gesellschaften
- Genossenschaften

Freie Wohnungen

- Altbau (erstellt vor 1948)
- steuerbegünstigte
- freifinanzierte

Preisbildung:

)) Kostenmiete nach WGG, WGGDV,
)) nicht nach II. BV.
)) Kostenmiete nach II. BV, zusätzliche Restriktion
)) zu den Vorschriften des MHG
)) Realisierung von Vermieterrenten durch Mieterhöhungen ausge-
)) schlossen, Konsumentenrenten entstehen

Sozialwohnungen im engeren Sinne Kostenmiete nach II. BV und Wohnungsbindungsgesetz

Aus dem dargestellten Teilmärkteschema ergibt sich, welche Vielzahl verschiedener Marktsegmente vorhanden ist (und dieses Schema ist ohne Anspruch auf Vollständigkeit).

Die einzelnen Teilmärkte sind unterschiedlich verknüpft, teilweise jedoch stark abgegrenzt. Dafür sollen einige wenige Beispiele angeführt werden.

1) "Normale" Umschichtungsprozesse in bezug auf einzelne Wohnungen

Ein gut situierter Mieter entscheidet sich zum Eigentumserwerb und wird Nachfrager und Käufer auf einem Teilmarkt für Eigentumsobjekte, räumt damit in der Regel eine "gute" Mietwohnung. Ein Nachfrager auf den Mietwohnungsmärkten, genauer auf dem speziellen Mietwohnungsmarkt, rückt nach. Dieser hat wiederum eine Mietwohnung freigemacht usw. Zu beobachten ist allerdings, daß diese Umzugsketten in vielen Fällen - besonders in guten Wohngegenden mit gut erhaltener Bausubstanz - in dem Sinne geschlossen sind, als sie bestimmte Gruppen, z.B. Ausländer fremder Kulturkreise und Sozialhilfeempfänger, nicht erreichen. Gelegentlich wird auch formuliert: Die Umzugsketten reißen ab, oder die Sickereffekte schlagen nicht durch.[1]

----
1 Über diese Tatbestände gibt es keine abschließenden empirischen Kenntnisse für die Wohnungsmärkte der Bundesrepublik Deutschland. Aus einer Studie über die Sickereffekte verschiedener Formen der Wohnbau- und Bausparförderung (R. WEISSBARTH, M. THOMAE, Sickereffekte verschiedener Formen der Wohnbau- und Bausparförderung, Bonn, 1978) hat sich aus einer Stichprobe von 2 030 zufällig ausgewählten Haushalten eine durchschnittliche Kette von 2,84 Umzügen ergeben. Die Schlußfolgerung des Bundesministers für Raumordnung, Bauwesen und Städtebau, D. HAACK: "Es tritt bei allen Förderungs- und Gebäudearten ein erheblicher Sicherungsprozeß zugunsten von Haushalten mit unterdurchschnittlichen Einkommen auf. Die indirekten Wirkungen öffentlicher Förderungsmaßnahmen haben ein erhebliches Gewicht."
(R. WEISSBARTH, M. THOMAE, a.a.O., S. 5 beleuchtet die Probleme der Wohnungsversorgung von Haushalten mit unterdurchschnittlichem Einkommen nur unvollständig).

2) Negative Prozesse in bezug auf Stadtteile

Aufgrund von Miethöhe und/oder des technischen Zustandes sowie gegebenenfalls des sozialen Images - häufig geprägt von außen bzw. durch persönliche Einschätzung - findet in vielen Stadtteilen wiederum eine soziale Entmischung statt. Gut situierte Mieter oder auch Eigenheimerwerber ziehen fort, weil sie sich durch die Umwelt belastet fühlen (z.B. negative externe Effekte bei Altmietern: Quartierpolitik durch Festlegung von Modernisierungszonen, Belegung durch öffentliche Entscheidungen). Im Extremfall rücken "sozial gebrandmarkte" Nachfrager nach. Gut situierte Mieter meiden diese Quartiere. Diese Entwicklung ist in vielen nicht modernisierten Altbauquartieren mit geringem Lagewert, aber auch in vielen Neubausiedlungen mit einem im Vergleich zu früher gebauten höheren Mietniveau und einer hohen Belegungsquote der Wohnungsämter zu beobachten.

----
zu 1 Seite 34
1. Ein Sicherungsprozeß zugunsten dieser Haushalte tritt grundsätzlich immer dann ein, wenn Wohnungen mit Belegungsbindungen zugunsten solcher Gruppen bzw. zugunsten öffentlicher Stellen betroffen sind. Insoweit sind die Ergebnisse nicht unerwartet.
2. Versorgungsprobleme existieren besonders für spezielle Gruppen dieser Haushalte, nämlich solche, die kein Durchsetzungsvermögen haben.
3. Neben der Neubauförderung und den dadurch induzierten Sickerprozessen gibt es Entwicklungen im Bestand sowie bezüglich der Anzahl und Struktur der Haushalte, die die Wohnungsversorgung spezieller Gruppen von Haushalten mit unterdurchschnittlichen Einkommen verschlechtern.
Durch Modernisierungsmaßnahmen, Abrisse, Umwidmungen oder durch Auslauf der Belegungsbindung für öffentlich geförderte Wohnungen (ohne gleichzeitigen Ersatz) wird das Angebot für diese Haushalte verringert. Kaufkräftige Haushalte oder durchsetzungsfähige Haushalte (z.B. Studenten) entstehen gleichzeitig neu und verstärken den Druck von der Nachfrageseite auf das bestehende Angebot ebenfalls. Zudem wird das Angebot vieler Wohnungen nicht marktwirksam, da sie unter der Hand weitervermietet werden.

3) Positive Prozesse in bezug auf Stadtteile

Interessanterweise ist zu beobachten, daß sich der Lagewert von Wohnungen, Eigenheimen, Grundstücken und Stadtteilen im Zeitablauf ändert. Dies kann sehr unterschiedliche Ursachen haben: Einmal beispielsweise die positiven privaten Effekte öffentlicher Investitionen in öffentliche und/oder soziale Infrastruktur oder durch die Lenkung von Modernisierungsmitteln, die den Lagewert eines Wohnquartiers aufwerten.

Es gibt aber auch den Fall, daß in der Einschätzung der Nutzer Stadtteile im Wert sozusagen nostalgisch steigen. Dies zeigt ein Beispiel aus Hamburg: Vor ca. 20 Jahren begann eine Entwicklung der besonderen Quartierswertschätzung in Pöseldorf, übersprang das alte Patrizierquartier Harvestehude und zog sich dann von der Lagewerteinschätzung hin nach Eppendorf und von dort bis hin in alte Arbeiterwohnquartiere Eimsbüttel und Winterhude, Stadtteile mit großer kultureller Infrastruktur, und neuerdings nach Barmbek und Bramfeld, auch als Folge von Modernisierungsmaßnahmen wie auch aus dem Vergleich alternativer Wohnformen.

Eine der Konsequenzen ist, daß die vorhandene Bevölkerung verdrängt wird, besonders durch jüngere Angestellte und Akademiker, in vielen Fällen durch Besserverdiener.[1]

----
1 Zunehmend ist in diesem Zusammenhang aber auch die Konkurrenz verschiedener Gruppen mit im Vergleich zum Durchschnitt niedrigem Einkommen oder geringer Mietzahlungsbereitschaft zu beobachten. Beispielsweise konkurrieren Ausländer, Angelernte, Studenten und Alternative, solche Mitbürger, die eine andere Budgetaufteilung für sich selbst durchsetzen wollen, um billigen, im Vergleich zu Neubauwohnungen schlecht ausgestatteten Wohnraum. Gemein ist diesen Gruppen der Wunsch nach billigen Mieten. Alle anderen Bedürfnisse sowie die sozialen Informationen und das (individuelle) Durchsetzungsvermögen sind sehr unterschiedlich. Allerdings gibt es kaum die Möglichkeit, differenzierte Hilfen anzubieten. Zudem streben diese Gruppen im Prinzip unterschiedliche Standards - auch im Zeitablauf - an, z.B. Studenten andere als Ausländer oder als Alternative usw.

Diese Entwicklung erfolgt im allgemeinen über den Preismechanismus, durch eine Erhöhung der Mieten bei Mieterwechsel oder bei umfassenden Modernisierungen[1] sowie über den Auswahlmechanismus der Wohnungsanbieter. Der kaufkräftige Nachfrager setzt sich durch, ebenso der informierte Wirtschaftsbürger. Ohne Erfolg bleibt der sozial Schwächere oder Benachteiligte.[2]

----
[1] In jüngster Zeit beschleunigen Bauherrenmodelle in Altbaubereichen diese Entwicklung, da über das an Steuervorteilen orientierte Interesse der Kapitalanleger für Luxusmodernisierungen billiger Wohnraum verringert wird, die teuer modernisierten Wohnungen sich aber diejenigen, die dort vorher gewohnt haben, nicht leisten können.

Im allgemeinen ist weder die direkte noch die indirekte Förderung von Modernisierungsinvestitionen an Belegungsbindungen seitens der öffentlichen Hand geknüpft. Ausnahme ist die Förderung von Modernisierungen nach § 17 II. WoBauG (Umwandlung von Altbauwohnungen in öffentlich geförderten modernisierten Wohnraum).

[2] Im Rahmen einer öffentlichen Stadtteilentwicklungspolitik ist zukünftig auch zu überlegen, wie Belegungsmöglichkeiten der öffentlichen Hand im nicht öffentlich geförderten Wohnungsbestand geschaffen werden können. Hierzu sind mehrere Möglichkeiten denkbar, z.B. der Erwerb von Belegungsbindungen aufgrund direkter oder indirekter Modernisierungs- und Instandsetzungsförderung. Gemeinnützige Wohnungsunternehmen stellen übrigens bereits heute ihre "freien" Bestände in vielen Fällen dem Personenkreis zur Verfügung, der auch im öffentlich geförderten Bereich wohnberechtigt ist.

1.3   PREISBILDUNGSMECHANISMUS

Aus dem dargestellten System der Wohnungsmärkte und der damit verbundenen unterschiedlichen Preisbildung unter den jeweils verschiedenen Bedingungen entsteht der beobachtete Wirrwarr der Mietpreisstruktur quasi als Zufallsprodukt.

Wohnungen gleicher Art können aus vielfachen Gründen völlig unterschiedliche Miethöhen aufweisen. Dafür einige wenige Beispiele überwiegend aus dem sozialen Wohnungsbau:

1. Die Erhöhung der Bau- und Bodenkosten ohne entsprechende Veränderung des Wohnungsstandards bei gleichzeitiger Anbindung der Mieten an die Herstellungskosten führt zu differenzierten Mieten.

2. Der Abbau von öffentlichen Aufwendungsdarlehen führt zu aufwärts gerichteten Mietentrends der öffentlich geförderten Wohnungen der 70er Jahre; dies ist bei den älteren Jahrgängen nicht der Fall. Häufig ist die Lage der älteren Bestände zentraler, so daß verkehrsmäßig Vorteile vorhanden sind.[1]

3. Eine Wohnung ist finanziert mit einer Festzinshypothek, die andere Wohnung mit Hypotheken zu variablen Zinssätzen. Die Konsequenz daraus: unterschiedliche Zinssätze von 6,5% auf der einen und 9,5% auf der anderen Seite ergeben je nach Finanzierungsstruktur in vielen Fällen Mietpreisdifferenzen von 2,-- DM bis 2,50 DM pro m² Wohnfläche

----
[1] Dieser Aspekt (z.B. Wegekosten) wird gegenwärtig überhaupt nicht im Rahmen der Mietenstrukturpolitik berücksichtigt. Das Kostenmietenprinzip der II. BV kennt die Dimension Lage nicht. Dies gilt gleichermaßen für die Berücksichtigung der Heizungskosten (unterschiedliche Energien und Wärmebedarfsstandards).

In der Diskussion um eine am Wohnwert orientierte Miete findet der Faktor Lage allerdings Berücksichtigung. Der Wohnwert beeinflußt die marktwirksame Nachfrage und den Mietpreis.

4. Da gemeinnützige Unternehmen keine Vermieterrenten realisieren dürfen, können steuerbegünstigte oder Altbauwohnungen nicht gemeinnütziger Eigentümer, deren Wohnungen mit denen gemeinnütziger Unternehmen vergleichbar sind, eben teurer als die der gemeinnützigen sein.[1]

5. Die Förderungsstruktur und die damit verbundenen administrativen Mieten sind "zufällig" unterschiedlich.[2]

----
[1] Dieser Tatbestand erzeugt in vielen beobachteten Fällen sozialpolitische Ungerechtigkeiten. Die nicht im preisgebundenen Bereich (sozialer Wohnungsbau im engeren Sinne) wohnberechtigten Wohnungssuchenden können bei gemeinnützigen Wohnungsunternehmen nur im preisfreien Bereich (Altbauten, steuerbegünstigter Wohnungsbau) untergebracht werden. Mietern mit Einkommen oberhalb der Grenzen nach dem II. WoBauG werden so Konsumentenrenten zugeteilt. Gegenüber weniger verdienenden Mietern, die innerhalb der Einkommensgrenzen liegen, erzielen sie sogar Differentialrenten, wenn sie unter sonst gleichen Umständen eine im Verhältnis zu einer öffentlich geförderten Neubauwohnung preiswerte Altbauwohnung eines gemeinnützigen Wohnungsunternehmens erhalten. Die Abschöpfung dieser Renten und eine Umverteilung ist bisher nicht Gegenstand der Diskussion.

[2] Die unterschiedlichen Mietpreisstrukturen haben in einem Hamburger Neubaugebiet zwischen 1976 und 1980/81 zu folgenden Umzugszyklen bei Wohnungen gleicher Qualität geführt:

1976 vom 1. in den 2. Bauabschnitt 155 Umzüge mit öffentlicher Billigung (Umzugs-Zuweisung bzw. Erteilung eines Wohnberechtigungsscheines):

Ursachen und Konsequenzen

(1) Ursachen
Miete im 1. Bauabschnitt (Baujahr 1976)
6,20 DM per m² und Mieterdarlehen ca. 68,-- DM per m².
Wohnungen im Schnitt drei Jahre bewohnt.

Miete im 2. Bauabschnitt (Baujahr 1980)
5,50 DM per m², kein Mieterdarlehen

(2) Konsequenzen für den Mieter:
a) niedrigere Anfangsmiete bei grundsätzlich später höherem Mietniveau wegen höherer Herstellungskosten;
b) Rückerhalt des Darlehens, im Durchschnitt 4 200,-- DM;
c) "frische" Wohnung;
d) Umzugskosten im Stadtteil.

Die situationsbedingten Mietpreisstrukturen können für Vermieter und Mieter also je nach den Umständen zu "zufälligen" Vorteilen führen: Auf der einen Seite können für den Mieter Konsumentenrenten entstehen, auf der anderen Seite realisieren Vermieter zusätzliche Gewinne in Form von Vermieterrenten. Die sich hieraus ergebenden Verteilungs- und Allokationswirkungen liegen auf der Hand.[1]

----
zu 2 Seite 39
- (3) <u>Konsequenzen für das Wohnungsunternehmen</u>
  - a) Verwaltungsarbeit durch Wohnungswechsel;
  - b) Belastung aus dem "normalen" Abwohnen;
  - c) nicht ökonomisch begründbare Mietpreisstruktur.

- (4) <u>Konsequenzen für die Gesellschaft</u>
  - a) Verwaltungsaufwand;
  - b) sozial nicht begründbare Benachteiligung der Nachrücker in den 1. Bauabschnitt.

- (5) <u>Konsequenzen für Dritte</u>
  Kapazitätsinanspruchnahme durch Umzüge.

Ob die umziehenden Mieter ökonomisch rational gehandelt haben, hängt neben den wirtschaftlichen Konsequenzen während der Wohndauer auch von den subjektiven Präferenzen für eine andere Straße oder Baustruktur ab.

1980/81 hat sich aus ähnlichen Gründen ein neuer Umzugszyklus vom 2. in den 3. Bauabschnitt ergeben (insgesamt 42 Fälle).

Die volkswirtschaftlichen Kosten, die die Allgemeinheit belasten, ergeben sich im wesentlichen aus (4).

1 Diese zufällige Verteilung von Vorteilen ist ungerecht, aus Sicht der Verfassung sogar bedenklich, legt man bei einem "vernünftigen" Staat den Gleichheitsgrundsatz in der Behandlung seiner Bürger an. Das Problem besteht darin, daß ohne Be- und Zurechnung der Vorteile willkürlich zugeteilt wird. Auch dies müßte Gegenstand einer umfassenden Sozialstatistik sein. Der Staat muß ermöglichen, daß in erster Linie der Bedürftige eine angemessene Wohnung bekommt (individuelle Absicherung).

Eine Klärung der Verteilung der Vor- und Nachteile ist auch deswegen von (gesellschaftspolitischer) Bedeutung, weil die Anzahl der nach dem Wohnungsbindungsgesetz Berechtigten weit größer ist als die Zahl der zur Verfügung stehenden Sozialwohnungen. Dabei sind u.a. zwei Faktoren in die Analyse einzubeziehen:
1. hat sich aufgrund der Förderungsbestimmungen ein (qualitatives) Angebot und Konsumbewußtsein entwickelt, das aufgrund der geltenden

Die Mietpreisproblematik hat auf der Produktionsseite einen
weiteren wesentlichen Grund in den im Verhältnis zum durchschnittlichen Preisniveau, etwa gemessen am Lebenshaltungs-
kostenindex für einen Vier-Personen-Arbeitnehmerhaushalt,
überdurchschnittlich steigenden Herstellungskosten für Wohnungen auch im sozialen Wohnungsbau (Anlage 15). Hierfür
sind neben den Finanzierungsbedingungen drei Faktoren maßgeblich:
1. der vergleichsweise geringe technische Fortschritt im
   Verhältnis zu anderen Industrien im Bauhauptgewerbe;
2. der Qualitätsanstieg und
3. die Baulandknappheit. Gemeinden weisen zu wenig Bauland
   aus. Monopolistische Preisfixierung ist die Folge.

1.4 DAS INVESTITIONSKALKÜL IM MIETWOHNUNGSBAU

Beim Bau von freifinanzierten oder steuerbegünstigten Mietwohnungen, d.h. solcher Wohnungen, die nicht der Restriktion
der Kostenmiete unterliegen, sind für die jeweiligen Investoren eine Reihe von Gründen ausschlaggebend gewesen. Die
wichtigsten sollen hier kurz angeführt werden:
(1) Die Rentierlichkeit der Investition wurde in den fünfzi-
    ger Jahren und Anfang der sechziger Jahre durch steuer-
    liche Anreize und die Möglichkeit von Mietsteigerungen
    meistens in einem Zeitraum von 5 bis 10 Jahren sicherge-
    stellt. Je nach dem Ausmaß und der Möglichkeit der Inan-

----
zu 1 Seite 40
   objektiven Produktionsbedingungen (Mieten/Kostenrelation) an die
   Grenze des sozialen Leistungsvermögens des Staates stößt,
   2. ist in diesem Zusammenhang zu prüfen, inwieweit bei der Knappheit
   der geförderten Wohnungen das Einkommen für die Rangfolge der Be-
   rechtigung größere Bedeutung erhält. Immerhin reicht die Einkommens-
   grenze (in Hamburg 1981) derzeit bei einem Vier-Personenhaushalt von
   jungen Eheleuten bis zu einem (bereinigten) Jahreseinkommen von
   58 080,-- DM). Dieses entspricht dem Einkommen eines Leitenden Re-
   gierungsdirektors (A 16) bis zur fünften Dienstaltersstufe.
   3. Generell ist politisch zu klären, wie die Priorität der Wartenden
   in den Warteschlangen geregelt werden soll. Dazu gehört auch die Lösung der Fragen, wie unterschiedliche Nachfragegruppen berücksichtigt und wie Wohnungsnotfälle definiert werden.

spruchnahme von Steuervorteilen wurde dieser Zeitraum erheblich verkürzt. Dies gilt z.B. auch bei Versicherungsgesellschaften in Abhängigkeit von der Finanzierungsmöglichkeit über Eigenmittel und einer anzusetzenden Verzinsung von ca. 4% in der Anfangsphase.

(2) Die Geldwertsicherung - wegen der überproportional im Verhältnis zum allgemeinen Preisniveau steigenden Herstellungskosten und wegen der erhöhten Nachfrage nach Wohnungen als einem "realen", gegen Inflationsverluste gesicherten Vermögensgegenstand - spielte ebenfalls eine Rolle. Bis zum Anfang der sechziger Jahre hatte die Geldillusion einen erheblichen Einfluß, nämlich solange die Inflationsrate im Kapitalmarktzins nicht antizipiert war. Dies war der Zeitraum, in dem 6- oder 6 1/2%ige Hypotheken mit einer Laufzeit von 30 bis 35 oder mehr Jahren auf dem Kapitalmarkt erhältlich waren. Die Folge war während des Inflationsprozesses ein Transfer von Gläubigern zu Schuldnern, in diesem Falle von Sparern zugunsten von Wohnungseigentümern. Dieser Tatbestand war mit wesentliche Grundlage für private Investitionen im Mietwohnungsbau von Selbständigen zum Zwecke der Altersversorgung.

(3) Im übrigen war die Erwartung von Vermieterrenten (Steuerfreiheit bei der Realisierung von Verkaufsgewinnen aus im Privatvermögen mindestens zwei Jahre gehaltenen Immobilien und Gewinne aus sukzessiven Mieterhöhungen) ausschlaggebend. Aufgrund der auch im Verhältnis zu den Mieten überproportional gestiegenen Herstellungskosten hat sich die Rentierlichkeit von Investitionen immer weiter verschlechtert (Anlage 15). Der freifinanzierte Mietwohnungsbau ist praktisch zum Erliegen gekommen.

Das Investitionskalkül im sozialen Wohnungsbau sah von vornherein anders aus. Die Konzeption des sozialen Wohnungsbaus ermöglichte, auch privates Kapital in die Erstellung von öffentlich geförderten Wohnungen zu lenken. Dies ist aufgrund von zwei Faktoren möglich gewesen. Die Subventionierung ergab bis Ende der sechziger Jahre "kostendeckende" Investitionen von Anfang an (auch durch Anerkennung von technischen und kaufmännischen Eigenleistungen). Zusätzlich dazu wurden bei einkommen- und körperschaftsteuerpflichtigen Eigentümern die Vorteile aus degressiven Abschreibungen wirksam, die für die körperschaftsteuerbefreiten gemeinnützigen Wohnungsunternehmen ohne wirtschaftliche Bedeutung sind.

Mit aufgrund der Verknappung von baureifem Land besonders für Mietwohnungsbau steigenden Bodenpreisen, mit im Vergleich zu Neubaumieten "niedrigen" Bestandsmieten im Altbaubereich auf der einen Seite und den überproportional steigenden Herstellungskosten sowie dadurch induziertem aufwärtsgerichteten Mietentrend auf der anderen Seite wurde der soziale Mietwohnungsbau im Kalkül vieler privater Investoren zugunsten des Tätigwerdens auf den Eigentumsmärkten, auf Altbaumärkten (Rentierlichkeit von Modernisierungsinvestitionen), Märkten für Gewerbeobjekte oder ausländischen Märkten verdrängt. Schlagworte hierfür sind das Bauherren- bzw. Ersterwerbermodell, die Investitionsanreize bei der Modernisierung (Anlage 9) oder die Zulässigkeit von Mietgleitklauseln bei Gewerbeobjekten.

Die Privaten, auch die Versicherungsgesellschaften, haben sich aus den Investitionen für den sozialen Mietwohnungsbau zurückgezogen, weil die bei Neubauten absehbaren steigenden Mieten aufgrund der hohen Herstellungskosten der jüngeren Förderungsjahrgänge eine dauerhafte Vermietung zu kostendeckenden Mieten über den Investitionszeitraum nicht sicherstellen.

Hinzukommt die eingangs beschriebene Datenunsicherheit hinsichtlich der quantitativen und räumlichen Merkmale der Wohnungsmärkte und Haushalte und der Bevölkerungsentwicklung.

Ein großer Teil des sozialen Mietwohnungsbaus der letzten Jahre ist von den gemeinnützigen Wohnungsunternehmen getragen worden (Anlagen 2, 13 und 14). Bei diesen spielt die Rentierlichkeit der Investition eine begrenzte Rolle.
Das Investitionskalkül der Gemeinnützigen kann wie folgt beschrieben werden: Wohnraum schaffen, auch unter Inkaufnahme von Ertragsverzichten, soweit dies aufgrund der Unternehmensrentabilität und -liquidität möglich ist. Projekte im sozialen Wohnungsbau sind auch für die gemeinnützigen Wohnungsunternehmen - isoliert betrachtet - heute kaum wirtschaftlich darstellbar.

1. Für eine Sozialwohnung sind bei Herstellkosten von 150 000,-- DM heute 15% Eigenkapital, d.h. im Schnitt 22 500,-- DM erforderlich, die in der Kostenmiete aber nur mit 4% verzinst werden. Eigenkapital in diesem Umfange ist oft nicht vorhanden.
2. Die Zurverfügungstellung bzw. der Kauf von Bauland zu den im sozialen Wohnungsbau anerkennungsfähigen Preisen, in Hamburg 1982 z.Z. 300,-- DM pro m² Wohnfläche inklusive Erschließung, ist unter den derzeitigen Bodenmarktbedingungen nicht darstellbar, d.h., ein Teil der Bodenkosten muß unrentierlich durch das jeweilige Wohnungsunternehmen finanziert werden. Diese Restriktion mindert und verhindert auf Dauer Investitionen.
3. Im ersten Jahr sind die Betriebskosten normalerweise durch die Bewilligungsbehörde pauschaliert, eine Unterdeckung ist in vielen nachweisbaren Fällen gegeben.
4. Die jeweiligen Landesbauordnungen zwingen Investoren häufig zum Bau von Garagen, die zunächst schwer bzw. nicht zu kostendeckenden Preisen vermietbar sind. Aufgrund der Bewilligungsbescheide dürfen Garagen und Wohnungen in einigen Bundesländern auch nicht zusammen vermietet werden.

5. Bei den mit degressiven Aufwendungsdarlehen geförderten neueren Wohnungen treten in ländlichen Gebieten bereits Vermietungsrisiken auf.

In diesen Investitionen liegt ein wesentlicher Beitrag der gemeinnützigen Wohnungswirtschaft für den Verbraucher, für die Wohnberechtigten von Sozialwohnungen, für die sonst unter gleichen Umständen keine Wohnungen produziert würden.[1]

Aus den dargestellten Gegebenheiten wird aber auch deutlich, daß die administrativ erzwungenen Rentabilitätsverzichte die Investitionsmöglichkeiten auf Dauer eingrenzen.

In diesem Zusammenhang ist interessant, daß auch der Gesetzgeber bei der Konzipierung des Wohnungsgemeinnützigkeitsgesetzes und seiner Durchführungsverordnung das Problem des unternehmerischen Risikos bei gemeinnützigen Wohnungsunternehmen im Mietwohnungsbau (mit Ausnahme des Mietausfallwagnisses) nicht gesehen hat.

----
1 De facto erfolgt hier eine private, gemeinnützig unternehmerisch gewollte Umverteilung zugunsten der Bewohner der neueren Wohnungen. Anders ist bei den derzeitigen Rahmenbedingungen eine Produktion nicht denkbar.

Die Lage des sozialen Wohnungsbaus wird aus einem schematischen Beispiel, basierend auf den für 1982 gültigen Förderungsrichtlinien des sozialen Wohnungsbaus in Hamburg, deutlich.

Kostenmiete auf der Basis der Herstellungskosten
im sozialen Wohnungsbau
Bauprogramm 1982 in Hamburg

Förderungsfähige Gesamtkosten
pro m² Wohnfläche   2 500,-- DM
bei 60 m² Wohnfläche   150 000,-- DM pro Wohnung

Anerkennungsfähige
Grundstückskosten inkl.
Erschließung pro m² Wohnfläche
maximal   300,-- DM

Finanzierung 15% Eigenkapital
             85% Fremdkapital

Politisch fixierte Anfangsmiete
(monatlich)   6,80 DM pro m²

	Kostenmietanteile pro m² Wohnfläche jährlich
(1) Eigenkapitalzinsen nach Berechnungsrecht 4% auf 375,-- DM (15% v. 2 500,-- DM)	15,-- DM
(2) Verwaltungskosten nach Berechnungsrecht 240,-- DM bei 60 m² Wohnfläche	4,-- DM
(3) Instandhaltungspauschale nach Berechnungsrecht	8,20 DM
(4) Betriebskosten exkl. Heizung nach Berechnungsrecht (z.B. Wasser, Müll, Hauswart, Gartenpflege, Fahrstuhl, Treppenhausreinigung)	20,-- DM
(5) 1% Abschreibungsgegenwert auf 2 200,-- DM	22,-- DM
(6) 0,1% Sonderabschreibung (pauschal)	2,20 DM
(7) Mietausfallwagnis auf die Anfangsmiete 2,04% von 6,80 DM pro Monat	1,67 DM
Summe Kostenanteile monatlich pro m²	73,07 DM
(vor Fremdkapitalzinsen)	6,09 DM

Zur Deckung der Fremdkapitalzinsen verbleiben lediglich
0,71 DM pro m² monatlich, mithin 8,52 DM pro Jahr.

Bei einem Kapitalmarktzins von 10% p.a. können dann von
2 500,-- DM Gesamtkosten pro m² Wohnfläche 85,20 DM aus der politisch fixierten, an sozialpolitischen Normen orientierten
Anfangsmiete finanziert werden.

Die restlichen Fremdfinanzierungsmittel((2 500,-- DM (Gesamtkosten) ./. 375,-- DM (Eigenkapital) ./. 85,20 DM
(Fremdkapital finanziert aus Anfangsmiete) = 2 039,80 DM))
müssen durch Kapital- bzw. Aufwendungssubventionen finanziert
werden.

2 039,80 DM pro m² Wohnfläche müssen also subventioniert werden, um 6,80 DM pro m² Anfangsmiete monatlich erreichen zu
können, d.h., bei 10% Fremdkapitalzins bzw. Opportunitätskosten sind dies 203,98 DM pro m² jährlich bzw. 17,-- DM
pro m² monatlich.

Selbst bei einer Verringerung der Ansätze um 10% ergeben sich
keine wesentlich anderen Aussagen.

Aus diesen Daten ist ersichtlich:

1. Bei den Produktionsbedingungen im Wohnungsbau und der politisch fixierten, sozial gewollten Anfangsmiete, z.B. in
   Hamburg, von 6,80 DM ist im Programm 1982 eine monatliche
   Subvention von 17,-- DM pro m² und Monat erforderlich.
   Nur 28,6% der herstellungsbedingten Kostenmiete wird vom
   Mieter direkt getragen, der Rest durch den Staat und damit letztlich durch die Gemeinschaft. Offen ist, welche
   Gruppen diese Subventionen bezahlen. Die Lastverteilung
   dieser Subvention ist weitgehend unbekannt. Ein Teil wird
   mit Sicherheit über die Lohn- und Umsatzsteuer von den
   subventionsbegünstigten Mietern selbst bezahlt. Allerdings werden auch die Vermieter von Sozialwohnungen durch
   diese Subvention begünstigt, weil sonst eine Finanzierung
   der Investition überhaupt nicht möglich wäre, obwohl der

Investor darüber hinaus unrentierliche Kosten in Kauf
nehmen muß. Die sich hieraus ergebenden Fragestellungen
hinsichtlich Subventions-, Verteilungs- und Allokations-
mechanismen sollen an dieser Stelle nicht weiter untersucht werden. Eine statistische Aufhellung ist für eine
rationale Wohnungs- und Verteilungspolitik unabdingbar.

2. Bei den dargestellten Herstellungs- bzw. Gesamtkostenbe-
   dingungen, z.B. Anzahl der zu errichtenden, aber nicht
   vermietbaren Garagenplätze sowie der politisch fixierten
   Anfangsmiete, ist eine marktmäßige Verzinsung von Kapi-
   talmitteln nicht möglich.

   Insoweit spielt der Kapitalmarktzins für den Investor im
   sozialen Wohnungsbau dann keine wesentliche Rolle mehr.
   Für den Subventionsumfang und damit die Förderungsmög-
   lichkeit ist er aber von Bedeutung, denn die Höhe des
   Zinses bestimmt bei gleichem Bauprogramm den Umfang der
   Subventionen oder umgekehrt: bei gleicher Subvention den
   Umfang des Bauprogrammes.

3. Die Mieten, besonders die Mieten für Sozialwohnungen -
   anders als die Belastungen beim Eigentumserwerb oder im
   Gegensatz zu den Preisen für Autos, Reisen und Lebensmit-
   tel - sind zum politischen Preis[1] geworden. Sie stehen im
   Blickfeld des Interesses aller Bürger, Parteien und vieler Interessengruppen.

---
1 Energiepreise werden in diesem Sinne nicht als "politischer" Preis
  empfunden; das zeigt die Entwicklung der letzten Jahre. Energiepreis-
  erhöhungen werden in der Verbrauchermeinung und der öffentlichen Dar-
  stellung als unabwendbar hingenommen. Dies wird vermutlich auch in
  den 80er Jahren anhalten, zumal Energieeinsparungsmaßnahmen nur nach
  und nach eingeführt werden können. Diese Entwicklung hat mehrere Konsequenzen, u.a.
  (1) die eigentliche Miete steht noch mehr im "politischen" Blickfeld.
      Das Bewußtsein, "daß Miete ein politischer Preis ist", wird ge-
      stärkt. Hier ist Verbraucheraufklärung erforderlich.
  (2) Die Ausgabemöglichkeiten für andere Güter werden zwangsläufig
      eingeschränkt.
  (3) Daraus resultieren auch Beschäftigungswirkungen.

Es ist einleuchtend, daß die individuellen Konsummöglichkeiten bei gegebenem verfügbaren Einkommen von der Miete als wesentlichem Ausgabenbestandteil abhängig sind. Auch aus diesem Grunde wird die Entwicklung der Mieten genau beobachtet.

Da die Herstellungskosten für Wohnungen in der Nachkriegszeit im Verhältnis zum allgemeinen Preisniveau, gemessen am Preisindex für Lebenshaltung, überproportional gestiegen sind, andererseits die Mieten, insbesondere im öffentlich geförderten Wohnungsbau, z.B. in den letzten zehn Jahren - politisch normativ gewollt -, überwiegend nicht in derselben Relation angestiegen sind, hat sich der Subventionsbedarf pro Wohnung und damit der Aufwand der Gesellschaft insgesamt erheblich erhöht.

Die Kehrseite der Medaille, nämlich förderungsbedingte, aufwärtsgerichtete Mietentrends im sozialen Wohnungsbau der neueren, mit degressiven Aufwendungsdarlehen geförderten Wohnungen und der erhöhte Subventionsbedarf bei der Neubauproduktion, wird als Konsequenz mit vielfachen Folgewirkungen jedoch nicht allgemein anerkannt.[1]

---
1 Die im Verhältnis zum Familieneinkommen überproportional steigenden Warmmieten, auch in Neubaugebieten, haben direkte und indirekte soziale Konsequenzen. Sie engen nicht nur den Konsumspielraum ein, sondern erzwingen in vielen Fällen die Suche nach neuen oder zusätzlichen Erwerbs- bzw. Nebenerwerbsquellen. Der indirekte, häufig aus gesellschaftspolitischer Sicht schwerwiegendere Effekt ergibt sich jedoch aus veränderten Verhaltensweisen infolge der steigenden Mietbelastung. Gerade problembehaftete Mieter verlieren den Mut. Sie fallen in Apathie. Sie sind kaum noch zu stabilisieren und zu motivieren. Hierin sind die gravierendsten negativen Folgen der steigenden Mietentrends, besonders in den Neubaugebieten, zu sehen. Hier bedarf es einer vorausschauenden staatlichen Mietenstrukturpolitik.

In bestimmten Einkommensbereichen wird man eine Nachfrageelastizität in bezug auf die Miete von 1. beobachten. Preissteigerungen werden hingenommen oder müssen mangels Substitutionsmöglichkeit hingenommen werden, ohne daß sich an der realen Nachfrage etwas ändert. Ändert sich aber an der realen Nachfrage nichts, wird es unter sonst gleichen Umständen zu Substitutionseffekten kommen, d.h., von anderen Gütern wird weniger verbraucht. Nachfrage- und Beschäftigungsstrukturen verändern sich. Ändert sich aufgrund steigender Mieten die Präferenzstruktur oder ist die Minderung des Realeinkommens aufgrund steigender Wohnbelastung entsprechend hoch, wird es zu Änderungen der Nachfrage nach Wohnraum kommen. Dabei müssen mehrere mögliche Wirkungen unterschieden werden:

a) Mangels ausreichender Kaufkraft bricht die Nachfrage (z.B. nach Zweitwohnungen) vollständig zusammen.

b) Kleinere Wohnungen werden nachgefragt. Für den Fall, daß auch nach Anzahl der Raumgrößen Wohnungen frei werden (getrennt lebende Familien), nimmt die sogenannte Belegungszahl ab; das vorhandene Angebot begrenzt die Realisierungsmöglichkeiten.

c) Schlechtere Wohnungen nach Qualität und/oder Lage werden nachgefragt. Auch in diesem Fall ist das Angebot beschränkt.

d) Andere Wohnformen, z.B. Untermietverhältnisse, werden angestrebt. In diesem Fall reduziert sich die Nachfrage nach Wohnraum auch nach Anzahl der Fälle.

4. Damit ist auch der soziale Mietwohnungsbau in Gefahr, in eine Sackgasse zu geraten, nämlich deshalb, weil trotz der öffentlichen Mittel wegen der hohen Herstellungskosten

und -bedingungen die politisch fixierte Anfangsmiete
nicht mehr erreicht werden kann. Soll dies vermieden werden, ist eine an den Kosten orientierte dynamische Anfangsmiete unumgänglich.

Die Preisbildung für Eigentumsobjekte hat in den letzten
Jahren einen anderen Verlauf genommen. Auf fast allen
Teilmärkten für Eigentumsmaßnahmen ist zu beobachten, daß
der Erwerber im Verhältnis zu einem Mieter von Wohnraum
bereit ist, drei- bis viermal so hohe Belastungen auf
sich zu nehmen. Dies wird an einem einfachen Beispiel
klar:

Eine 100 m² große Mietwohnung in Hamburg in guter Lage
kostet 1981 im allgemeinen ca. 10,-- bis 12,-- DM pro m²
pro Monat. Hieraus resultieren 12 000,-- bis 14 400,-- DM
p.a. Mietbelastung ohne Heizkosten.

Eine 100 m² große Eigentumswohnung in gleicher Lage kostet 1981 zwischen 300 000,-- DM und 500 000,-- DM,
300 000,-- bis 350 000,-- DM für eine gebrauchte Eigentumswohnung und 500 000,-- DM etwa für eine qualitativ wenig besser ausgestattete neuerstellte Eigentumswohnung.

Bei einem Kaufpreis von 350 000,-- DM und einem Kapitalmarktzins bzw. Opportunitätskosten von 10% ergeben sich
daraus bereits 35 000,-- DM Kapitalkosten; darüber hinaus
müssen die Betriebskosten von ca. 18,-- DM pro m² und
Jahr sowie die Verwaltungskosten berücksichtigt werden.
Auch die Instandhaltungskosten müssen vom Eigentümer aufgebracht werden. Insgesamt ergibt sich für den Eigentümer
ein Aufwand, der in der Größenordnung von ca. 40 000,-- DM
bis 42 000,-- DM liegt.

Und dies entspricht einer Relation Miete zu Eigentümerbelastung von etwa 1 : 3. Steuerliche Gesichtspunkte bleiben dabei unberücksichtigt. Diese Belastungsbereitschaft hat sich auch in der Bodenpreisentwicklung niedergeschlagen. Im sozialen Wohnungsbau dürfen z.B. in Hamburg, wie bereits dargelegt, im Bauprogramm 1982 die Bodenkosten einschließlich Erschließung höchstens mit 300,-- DM pro m² Wohnfläche angesetzt werden, ein Betrag, der vielfach den Grundeigentümer bzw. den Investor zu Verzichten zwingt, weil die Preise des Bodens im allgemeinen weit über diesem Betrag liegen. Bei Eigentumsmaßnahmen werden im Bereich der Freien und Hansestadt Hamburg im wesentlichen 1980/81 kaum weniger als 900,-- DM pro m² Wohnfläche kalkuliert. Auch hier stellt sich wieder die Relation 1 : 3 ein. Dieser Entwicklung liegen im wesentlichen zwei Ansichten bzw. Verhaltensweisen zugrunde:

(1) Insbesondere der Deutsche ist bereit, wohl auch vor dem Hintergrund von Inflationserfahrungen und Währungsreform, aber auch angesichts der beobachteten Immobilienpreissteigerungen der Nachkriegszeit, für das "mein" bei Eigennutzung, für Vermögensbildung mehr aufzuwenden als für die Nutzung eines vergleichbaren Mietobjektes. Die Belastung der selbstnutzenden Eigentümer ist kein "politischer" Preis.

(2) Diesem Inflationssicherungskalkül liegt die Annahme zugrunde, auf längere Sicht bei selbstgenutzten oder vermieteten Eigentumsobjekten eine Wertsteigerung realisieren zu können und auf Dauer (möglicherweise erst nach einer Generation) ein entschuldetes Vermögensobjekt im Portefeuille zu haben. Die Erfahrung spricht dafür.

Im Verhältnis zu Mietwohnungen, wo die Mietbelastung im
Durchschnitt zwischen 10% und 20% liegt (Anlage 16) -
vielfach aber bis zu 20% oder 25% des verfügbaren Einkommens oder darüber hinaus reicht -, wird auf den Märkten
für Eigentumsmaßnahmen eine Belastung von 30% bis 45%, in
einigen Fällen auch über 50% des verfügbaren Familieneinkommens in Kauf genommen.[1] Sparen, Konsumverzicht und
Selbsthilfe[2] sind angesichts der Preis/Einkommensrelation
die dominierenden Verhaltensweisen.

Liegt dem Investitionskalkül des selbstnutzenden Eigentümers eine hohe Belastungsquote zugrunde, so ist unter Ausnutzung der Vorschriften zur Einkommen- und Umsatzsteuer
auf einzelnen Teilmärkten und bei hoher Spitzensteuerbelastung die Rentierlichkeit von Wohnungsbauinvestitionen
auch noch im Mietwohnungsbau möglich (Bauherren- bzw.
Ersterwerbermodelle). Als Investoren scheiden damit die
gemeinnützigen Wohnungsbaugesellschaften aus, weil sie
Steuervorteile nicht nutzen können.

Die Rolle der gemeinnützigen Wohnungsunternehmen liegt bei
solchen Modellen erstens in der Bauträgerfunktion und
zweitens in der Verwaltung sowohl als Eigentümertreuhänder
nach dem Gesetz über die Gemeinnützigkeit im Wohnungswesen
und der Verordnung zur Durchführung dieses Gesetzes wie
auch als Pächter und Vermieter.

----
1 Fügt man diese zu beobachtenden Werte für Ausgaben für Wohnen in
v.H. des verfügbaren Familieneinkommens in Abhängigkeit vom Einkommen zusammen, so ergibt sich eine von der klassischen Ausgabenkurve
(Schwabesches Gesetz) abweichende Form, die einen (oder mehrere)
Wendepunkte aufweist.

2 Das sogenannte Selbsthilfemodell ist eine Antwort auf die hohen Herstellungskosten für Eigentumsmaßnahmen. Der Erwerber erbringt dabei
viele Bauleistungen, besonders Ausbauleistungen, selbst. Dies ist
ein Rückgriff auf die ursprüngliche Idee der gemeinnützigen Genossenschaften als Selbsthilfeeinrichtungen.

Aus der Preis-, Gewinn- und Dividendenbeschränkung des
WGG und der sich hierauf beziehenden Pflichtprüfung nach
aktienrechtlichen Grundsätzen ergibt sich gerade auch unter Verbraucherschutzgesichtspunkten eine interessante
Marktaufgabe. Aufgrund der historischen Entwicklung, des
Leumunds, der Verwaltungserfahrung und der Bonität hat
die gemeinnützige Wohnungswirtschaft wesentliche Voraussetzungen für eine erfolgreiche unternehmerische Teilnahme auf diesem speziellen Teilmarkt.

Natürlich muß klar gesagt werden, daß die steuerlichen
Rahmenbedingungen auf Investoren mit hoher Spitzensteuerbelastung abstellen. Der Umverteilungseffekt von der Allgemeinheit der Steuerzahler zu den Investoren und den
Mietern ist offensichtlich; ohne diesen würde Wohnungsbau
in dieser Form jedoch überhaupt nicht stattfinden. Das
Investitionsrisiko liegt in den zeitbedingten hohen Herstellungs- und Gesamtkosten sowie der Unsicherheit über
die dauerhafte Verwertung.

Im folgenden werden die wesentlichen Elemente eines von
der Nordrevision mit einem gemeinnützigen Wohnungsunternehmen in Schleswig-Holstein 1980/81 praktizierten Ersterwerber-Modells im steuerbegünstigten Wohnungsbau skizziert:

1) Die Wohnungsbaugesellschaft errichtet als Träger Eigentumswohnungen. Die ersterwerbenden Eigentümer verpachten als Ersterwerber die Eigentumswohnung für
12 Jahre (Pacht: 4,95 DM per m² und Monat) an die Wohnungsbaugesellschaft, die diese an Dritte vermietet
(Miete 6,50 DM[1] zuzüglich Umlage für Wasser, Siel,
exkl. Heizung).

----
1 Aus der Differenz zur Pacht werden die Leistungen des Pächter bezahlt.

2) Die Eigentumswohnungen werden durch die Wohnungsbaukreditanstalt Schleswig-Holstein mit einem Aufwendungsdarlehen von 4,-- DM pro m² und Monat gefördert. Damit ist eine entsprechende Belegungsbindung für die Vermietung verbunden. Das Darlehen verringert sich nach jeweils drei Jahren um 1,-- DM bei gleichzeitiger Erhöhung der Pacht um diesen Betrag. Das Aufwendungsdarlehen beläuft sich damit am Ende der Förderfrist auf 360,-- DM pro m² Wohnfläche. Im Sinne des Einkommensteuerrechtes ist das Aufwendungsdarlehen keine Einnahme, es ist somit eine wesentliche Liquiditätshilfe.

3) Finanzierungstechnische Vorteile ergeben sich aus drei Gründen:
   - Steuerersparnisse aus der Geltendmachung von Werbungskosten (z.B. Disagio) während der Bauphase,
   - Mehrwertsteuererstattung, wenn der Eigentümer die Wohnung nicht selbst nutzt, sie an die Wohnungsbaugesellschaft verpachtet und natürlich in diesem Zusammenhang von der Möglichkeit des § 9 Umsatzsteuergesetz Gebrauch macht, auf die Umsatzsteuerbefreiung der Umsätze aus Vermietung und Verpachtung zu verzichten, weil er an einen umsatzsteuerpflichtigen Unternehmer verpachtet,
   - schließlich kann der Ersterwerber, wenn die Wohnung im Jahre der Bezugsfertigkeit angeschafft wird, von der degressiven Abschreibung nach § 7 Abs. 5 Einkommensteuergesetz Gebrauch machen. Gegenüber der Normalabschreibung ergeben sich hieraus entsprechend größere steuerliche Entlastungen.

4. Ein Einzelbeispiel

4.1 Kosten und Finanzierung in DM

Wohn-fläche m²	Grund-stücks-kosten	Herstell.-Kosten Herst.-Kosten netto	MwSt auf Herst.-Kosten	Werbungskosten Werb.-Kosten netto	MwSt auf Werb.-Kosten	Gesamt-kosten
(1)	(2)	(3)	(4)	(5)	(6)	(7)
94,76	22 625,-	212 677,-	27 251,-	35 698,-	905,-	299 156,-

Eigenkapital			Hypotheken		
Eigen-kapital netto	MwSt.-Rückver-gütung	Gesamt brutto	1. Hypothek	2. Hypothek	Gesamt
(8)	(9)	(10)	(11)	(12)	(13)
25 499,-	28 156,-	53 655,-	154 900,--	90 600,-	245 500,-

4.2 Das effektiv erforderliche Eigenkapital

ergibt sich bei 50% Steuerbelastung einschl. Kirchensteuer in der Spitze wie folgt:

Eigenkapital brutto (10)	53 655,--
Mehrwertsteuererstattung ./. (4) + (6)	28 156,--
Eigenkapital netto	25 499,--
Steuerersparnis aus Nettowerbungskosten 50% von 35 698,-- ./.	17 849,--
	7 650,--

4.3 Wirtschaftliches Ergebnis

		DM /p.a.
1.	Einnahmen	
1.1	Pacht 4,95 DM p/m² mtl.	5 629,--
1.2	Aufwendungsdarlehen 4,-- DM p/m² mtl.	4 548,--
2.	Ausgaben	
2.1	Zinsen 6,25% a. 154 900,--	9 681,--
	Zinsen 7,25% a. 90 600,--	6 569,--
2.2	13% MwSt bezogen auf die Pacht (1.1)	648,--
2.3	Grundsteuer, Instandhaltung bzw. Rücklage f. Gemeinschaftseigentum (ca. 3,80 p/m² p.a.) sowie Kosten für die treuhänderische Wohnungseigentumsverwaltung (145,-- DM p.a.)	552,--
2.4	Summe 2.1 - 2.3	17 450,--

3. Ermittlung der Steuerersparnis

3.1	Steuerliches Negativergebnis 2.4 - 1.1	11 821,--
3.2	Abschreibung 5% der Nettoherstellungskosten	10 634,--
3.3	Summe 3.1 und 3.2 = Verlust aus Vermietung	22 455,--
3.4	Steuerersparnis bzw. Subvention 50% von 22 455,--	11 228,--

4. Liquiditätsbetrachtung

4.1	Einnahmen	
	Pacht 1.1	5 629,--
	Aufwendungsdarlehen 1.2	4 548,--
	Steuerersparnis	11 228,--
4.2	Ausgaben 2.4	./. 17 450,--
4.3	Überschuß vor Tilgung	3 955,--
4.4	1% Tilgung auf Hypotheken	2 455,--

Die Berechnung zeigt, daß dieses Modell bei voller Kostendeckung für Investor und Pächter sowie einem Überschuß, der anfänglich die Höhe der Entschuldungsrate übersteigt, eine Miete von 6,50 DM pro m² monatlich ermöglicht, wobei seitens der öffentlichen Hand direkt nur die genannten Aufwendungsdarlehen einzusetzen sind. Ohne Aufwendungsdarlehen müßte die Anfangsmiete 10,50 DM pro m² monatlich betragen.

Die Steuerersparnis setzt der Investor, soweit sie auf die Bauphase entfällt, zur Finanzierung - und zwar zinslos - und, soweit sie im Lauf der Bewirtschaftung anfällt, zur Kostendeckung, d.h. praktisch zur Mietsenkung, ein. Das dargestellte Beispiel zeigt deutlich, daß die Rentabilität der Investition in der Anfangsphase nur über eine Mehrfachförderung gewährleistet wird.

Ob und inwieweit diese das Steueraufkommen kürzenden Subventionen eines Tages dem Investor selbst zugute kommen, ist eine Frage der späteren Realisierbarkeit des Wirtschaftsgutes.[1] Auf Dauer gesehen (nach 12 Jahren) trägt auch bei diesen Modellen der Investor das volle Vermögensrisiko.

----
1 Bei Bauherrenmodellen fallen i.a. im Vergleich zum Vorratsbau zusätzliche Kosten in einzelnen Positionen an (steuerliche Beratung, umfangreichere Prospekte etc.).

Ob dies grundsätzlich zu einer Erhöhung der Gesamtkosten führen muß, hängt u.a. davon ab, wie sich die übrigen Kostenarten entwickeln (z.B. Zwischenfinanzierungszinsen auf Grundstücke bei Vorratsbau, häufig Option beim Bauherrenmodell). Gerade bei unternehmerischen privaten Bauträgern ist eine Aufblähung der Werbungskosten zu beobachten, weil diese direkt oder indirekt zu zusätzlichem Gewinn führen.

Die steuerliche Förderung und damit die gesellschaftliche Subvention ist höher als beim konventionellen Vorratsbau: größere Teile der Gesamtkosten werden nicht zu Herstellungskosten und sind sofort steuermindernd abzugsfähig. Dieser Effekt verstärkt sich, je höher (unnötigerweise) die Werbungskosten sind. Bei der Mehrwertsteueroption von Kapitalanlegern, die aber nicht Selbstnutzer sind, ergibt sich hieraus eine weitere Subvention.

Diese Überlegungen sprechen auch gegen das Bauherrenmodell im klassischen, öffentlich geförderten Wohnungsbau-

2. BEISPIELE FÜR MARKTDEFIZITE:
   DIE FUNKTIONSWEISE DER MIETWOHNUNGSMÄRKTE
   FÜR SOZIALWOHNUNGEN

Es ist unbestritten, daß auf fast allen Wohnungsmärkten für Sozialwohnungen in größeren, mittleren und kleineren Städten bei den politisch fixierten Angebotspreisen eine Überschußnachfrage besteht (Anlage 3).[1]

Politisch gewollt, wirkt das Kostenmieten-Prinzip nicht als Ausgleichsmechanismus. Entsprechend befinden sich die Anbieter von Sozialwohnungen überwiegend in einer monopolartigen Situation: Sie besitzen ein Auswahlmonopol, das in einigen Fällen durch öffentliche Belegungsrechte eingeschränkt ist.

Die Verhaltensweise vieler Anbieter läßt sich wie folgt beschreiben: "Gut situierte" Wohnungsnachfrager finden aufgrund ihrer sozialen Eigenschaften und ihrer nachgewiesenen Zahlungsfähigkeit "guten" Wohnraum, besonders bei privaten Vermietern und in kleinen Wohnanlagen.

Problembehaftete Mieter,[2] definiert als solche Mieter, die in den Augen der meinungsbildenden Mehrheit Probleme haben (ohne Wertung und Rangreihenfolge, z.B. Ausländer aus fremden Kulturkreisen, Alleinerziehende mit Kind, Suchtkranke etc.), werden häufig abgelehnt (Abwehrreaktion der Vermieter). Einige finden Zugang zu den Genossenschaften, deren Struktur, Unternehmensgröße und der satzungsmäßige Zwang zum Erwerb von Genossenschaftsanteilen jedoch Wohnungsvergaben an solche problembehafteten Mieter begrenzen; der überwiegenden Mehrzahl der Wohnungssuchenden dieser Gruppen bleibt

----
1 Ausnahmen sind in einigen ländlichen Gebieten zu beobachten.

2 Eine derartige Begriffsbildung ist nicht unproblematisch, weil dadurch sozial Benachteiligte besonders gekennzeichnet werden.

nur die Anonymität größerer Wohnquartiere, in der Regel bei großen Gesellschaften, insbesondere bei kommunalen Wohnungsbaugesellschaften.[1]

Dieser Selektionsmechanismus trägt zu einer negativen Entwicklung der Sozialstrukturen und einer Vergrößerung der damit verbundenen privaten und gesellschaftlichen Probleme in vielen Gebieten bei. Für die Betroffenen ist der Marktzugang beschränkt. Eine eigene Entscheidung der Wohnungswahl ist kaum möglich, und viele Lebenschancen werden so reduziert.

Für die soziale Entmischung und Segregation der Wohnungsmärkte sind die Zuteilungsweise bzw. der Zuteilungsmechanismus bei Sozialwohnungen und das Verhalten bzw. die Verhaltensmöglichkeiten unterschiedlicher Nachfragergruppen verantwortlich.

Die Nachfrage nach Sozialwohnungen wird bei der Belegung durch das Familieneinkommen begrenzt; bei der Erst- und Folgebelegung durch öffentliche Stellen (im Neue-Heimat-Durchschnitt 40-60% der Sozialwohnungen) bleiben andere soziale Strukturmerkmale weitgehend unberücksichtigt. Die aufgrund ihres persönlichen Status "aufgeklärten" Wohnungsberechtigten rücken in die älteren, preisgünstigen und lagebegünstigten öffentlich geförderten Wohnquartiere nach. Wir beobachten dies z.B. bei Studenten und Referendaren oder auch bei Umschülern oder Beamten und Angestellten, also bei Gruppen mit großer sozialpolitischer Information. Zudem spielen soziales Aufsteigerverhalten sowie die nach wie vor beobachtete Entmischung aufgrund "zufallsbedingter" Nachkriegsbelegungen eine Rolle.

----
1 Wichtig ist der Hinweis, daß alles unterlassen werden sollte, bestimmte Wohnquartiere von "außen" mit einem negativen Image zu überziehen.

Die einzige Hoffnung problembehafteter Nachfrager sind die
kommunalen Wohnungsvermittlungsstellen. Diese wiederum gehen
nach den konkreten Möglichkeiten auf den lokalen Wohnungsmärkten
- geprägt durch das Anbieterverhalten - und
persönlichen Präferenzen vor, ohne die sozialen Strukturen
hinreichend zu berücksichtigen oder berücksichtigen zu können.
Sie "verteilen" solche Wohnungssuchenden im Interesse
einer schnellen, rationellen Belegung bzw. Arbeitserledigung
in die großen, neuen, öffentlich geförderten Wohnquartiere
oder ältere, schlecht ausgestattete Quartiere, überwiegend
bei größeren, zumeist staatlichen Wohnungsunternehmen.
"Diese Wohnung kann ich Ihnen doch nicht geben!" ist eine
häufige Bemerkung, die problembehaftete Wohnungssuchende zu
hören bekommen.[1] Die beobachtete Zuweisungspolitik vieler
Wohnungsämter, aber auch die Argumentation an vielen Sozialämtern
- Hauptsache erst mal eine Wohnung - bestätigen dies.

Ein Teil dieser Menschen sucht von sich aus in ihrer persönlichen
Hilf- und Hoffnungslosigkeit die Anonymität dieser
Quartiere.[2]

----
1 In diesem Zusammenhang sind drei Anmerkungen zu machen:
   1. Es geht zunehmend auch um eine angemessene und persönliche Behandlung gerade der sozial benachteiligten Wohnungssuchenden. Hier sind bei allen Beteiligten (Vermietern, Ämtern, Wohnungssuchenden wie auch Meinungsbildnern) Umdenkungsprozesse erforderlich.

   2. Zuweisungen durch die Wohnungsämter sind in vielen Fällen rechtlich nicht zwingend. Allerdings erzeugen sie Druck und lenken so die Nachfrage.

   3. Abgesehen davon, daß Sozialstrukturen in Wohngebieten "langsam" wachsen bzw. sich verändern, muß konstatiert werden, daß die Verteilung der persönlichen Eigenschaften und Vorstellungen der Summe aller zu einem Zeitpunkt Wohnungssuchenden im allgemeinen von der entsprechenden Verteilung der Summe aller Mieter abweicht.

2 Dieser Zustand hat für erfolglose Wohnungssuchende ohne Wohnung den Charakter einer "neuen" Wohnungsnot. Sie hat zwei Dimensionen:
   1. Die Betroffenen sind in einer Notsituation, weil ihnen die (angemessene) Wohnung als Basis für Lebenschancen fehlt.

Die beschriebenen benachteiligten Nachfrager haben faktisch keine Wahl; mangelndes Einkommen und/oder mangelndes soziales Image begründen individuelle Machtlosigkeit als Teilnehmer auf den lokalen Wohnungsmärkten; für sie gibt es keine Basis für die eigenbestimmte Wohnungsauswahlentscheidung.[1]

Zahlen aus zwei sozialen Wohnungsbauquartieren, die in der zweiten Hälfte des Jahres 1980 bei der Neuen Heimat bezogen wurden, bestätigen dies. In einem innerstädtischen, besonders beliebten Wohngebiet in Alsternähe mit 109 Sozialwohnungen erfolgte die Zuteilung durch das Wohnungsamt wie folgt:

1)	Arbeiter, Facharbeiter, Handwerker	27%
2)	Angestellte, Beamte	60%
3)	Selbständige	2%
4)	Rentner und Sonstige	11%

darunter 1) bis 4) <u>keine</u> Sozialhilfeempfänger.

------
zu 1 Seite 61
   2. Viele Betroffene sind nicht in der Lage, die im Verhältnis zu ihrem Einkommen und ihren Konsumnotwendigkeiten bzw. -gewohnheiten hohen Mietbelastungen zu tragen, weil das Wohngeld Kappungsgrenzen nach Größe, Höchstbetrag der Förderung aufweist und insbesondere die stark steigenden Heizungskosten nicht einschließt.

   Ausgabeanforderungen erzeugen so persönliche Notsituationen. Die "rationale" Reaktionsfähigkeit ist häufig eingeschränkt.

1 In Bremen haben gemeinnützige Unternehmen mit der Stadt Bremen ein Modell entwickelt, das in persönlicher Notsituation dazu beitragen soll, derartige Defizite des Wohnungsmarktmechanismus zu überwinden. In einem Vertrag zur Unterbringung von Wohnungsnotstandsfällen wird festgelegt: "Das WU verpflichtet sich, Wohnungssuchende, die als "Wohnungsnotstandsfall" anerkannt sind, in freiwerdende Mietwohnungen vorrangig vor den übrigen Wohnungssuchenden unterzubringen," und ..."die Stadtgemeinde..., stellt in Fällen finanzieller Schwäche der Unterzubringenden die Mietzinszahlungen und erforderliche Kostenerstattungsansprüche infolge der von den Unterzubringenden verursachten Schäden oder die lt. Mietvertrag erforderlichen Instandsetzungen/Renovierungen an den Mietobjekten sicher." (K. MÜLLER, Der Mangel steht vor der Wohnungsoase: Auch Bremer Wohnungsmarkt im Um-

Im gleichen Zeitraum wurden die Wohnungen in einem anderen
Quartier einer größeren neuen Wohnanlage am Rande Hamburgs
mit 134 Wohneinheiten belegt. Dort ergab sich aufgrund der
Zuteilung folgende Verteilung:

1) Arbeiter, Facharbeiter, Handwerker   47%
2) Angestellte, Beamte   48%
3) Selbständige   1%
4) Rentner und Sonstige   4%
   darunter 1) bis 4) = 9% Sozialhilfeempfänger

Die beschriebene Entwicklung gilt auch für viele Altbauten.
Die notwendigerweise vornehmlich quantitativ orientierte Wohnungspolitik in der Nachkriegszeit und der mangels wirtschaftlicher wie auch rechtlicher Möglichkeiten nicht ausreichend modernisierte Altbaubestand haben in verschiedenen Regionen technisch und sozial mängelbehaftete Wohngebiete erzeugt. Die letzteren sind weder vom technischen Zustand noch vom Zuschnitt und von der Ausstattung der Wohnungen - ohne Bad und Zentralheizung - noch von der Lage und vom Wohnumfeld her attraktiv. Die Folge ist in vielen beobachteten Fällen eine soziale Entmischung dieser älteren Quartiere.

Gute Mieter ziehen weg, sozial Schwächere, die keinen anderen Wohnraum finden, rücken nach. Allerdings ist auch zu beobachten, daß Jugendliche und ein Teil der Ausländer bewußt billige Wohnquartiere mit entsprechend geringer Wohnqualität, z.B. geringere Wohnfläche, Ofenheizung, ohne Bad, suchen. Insoweit ist die Verhaltensweise der Nachfrager sehr unterschiedlich. Das Image solcher Wohnquartiere bei der meinungsbildenden Mehrheit verschlechtert sich, Zerstörungen nehmen

----
zu 1 Seite 62
    bruch, in: Gemeinnütziges Wohnungswesen 10/1981, S. 681 ff). Auch
    der Beschaffung zusätzlicher Belegungsrechte durch den Staat kommt
    in diesem Zusammenhang Bedeutung zu.

zu; die private Investitionsbereitschaft sinkt. Die Notwendigkeit öffentlicher Eingriffe steigt. Der Verschlechterungsprozeß verstärkt sich. Zusammengefaßt gibt es für die beobachteten Verschlechterungsprozesse und damit für die sozialen, ökonomischen und technischen Konsequenzen eine Reihe unterschiedlicher Gründe:

1) Aufgrund mangelnder Zahlungsfähigkeit und/oder der sozialen Situation haben viele kinderreiche oder problembehaftete Wohnungssuchende keine Möglichkeit, sich auf den "gewünschten" Märkten durchzusetzen. Der gute, zahlungsfähige und "verwaltungsfreundliche" Mieter fühlt sich durch das Marktergebnis, z.B. Verhaltensweisen von Nachbarn, Auswirkungen von Freizeiteinrichtungen, mutwillige Zerstörungen, sozial belastet (persönliche negative externe Effekte), oder er fühlt sich wirtschaftlich (steigende Mietentrends, "schiefe" Relation von Wohnwert und Miete) und/oder technisch (Zustand der Wohnung bzw. des Quartiers) zu Unrecht "belastet".

2) Wohnungsaufsteigerverhalten: Streben nach Eigentum und veränderter sozialer Status bewirken ebenfalls Fortzüge.

3) Flüchtlingsströme und die schwerpunktmäßigen Fertigstellungen haben zufällige, einweisungsbedingte Strukturen entstehen lassen, die sich (teilweise über Jahrzehnte) wieder auflösen.

4) Steigende Mietpreise auch wegen veränderter Lagewerte begünstigen die Verdrängung problembehafteter und/oder nicht zahlungsfähiger Mieter. Dieses wird an dem angeführten Hamburger Beispiel (Pöseldorf bis Eimsbüttel) deutlich.

5) Verteilungsverhalten der Wohnungsämter bzw. der zuweisenden Behörden.

6) Abwehrreaktion der Anbieter.

7) Unterschiedliche Wohnumfeldbedingungen sowie technischer Verfall (negative externe Effekte aufgrund der Verteilung öffentlicher Investitionen, Förderungsmittel oder rechtlicher Rahmenbedingungen).

Die beschriebenen speziellen Wohnungsteilmärkte produzieren über das Spiel von Angebot und Nachfrage erhebliche negative externe Effekte persönlicher und gesellschaftlicher Art. Diese sind normativ für die Gesellschaft wie auch für die überwiegende Zahl der problembehafteten Mieter keine akzeptablen Lösungen. Die so segregierend wirkenden Wohnungsmärkte verschlechtern die Lage der problembehafteten Mieter. Sie erleichtern auch nicht die Lösung der damit verbundenen gesellschaftlichen Probleme, nämlich die bedarfsgerechte Betreuung oder die Zurverfügungstellung behördlicher Infrastrukturen (gesamtwirtschaftliche negative externe Effekte). Natürlich regeln diese Wohnungsmärkte auch nicht die Erfassung und Verteilung der hierdurch privat und öffentlich anfallenden sozialen Kosten.

Dieses Defizit in der Funktionsweise der Wohnungsmärkte macht deutlich, daß das Gut "Wohnen" neben einer ökonomischen auch eine öffentliche Dimension hat. In speziellen Fällen wird das Gut "Wohnen" sogar zum öffentlichen Gut, beispielsweise bei öffentlichen Wohnunterkünften oder bei Direktanmietung von Wohnraum durch staatliche Stellen.

3. SOZIALES MANAGEMENT ALS EIN INSTRUMENT ZUR MARKTBEEINFLUSSUNG UND MARKTREGULIERUNG [1]

Sind nun diese beschriebenen Sozialstrukturentwicklungen zwangsläufig? Verstärken sie sich naturgegeben? Inwieweit gefährden sie die Betroffenen? Breiten sie sich aus? Stellen sie eine unabwendbare Gefahr für unsere gesellschaftliche und wirtschaftliche Ordnung dar?

Sicher ist, daß die beschriebenen Entwicklungen vorhanden sind.[2] In vielen Fällen kann auch eine Tendenz zur Selbstverschärfung beobachtet werden. Eindeutig zwangsläufige Entwicklungen und sich daraus entwickelnde gesellschaftliche Probleme können aber schon wegen der Unsicherheit zukünftiger Entwicklungen historisch nicht begründet werden. Vielmehr liegt hier eine Herausforderung an alle Institutionen, die Einfluß auf die Wohnungsmärkte ausüben können.

Soll der Herausforderung begegnet werden, müssen nach einer sorgfältigen Analyse der Situation private wie öffentliche Ziele im Hinblick auf den Zustand der Welt, z.B. des gesellschaftlichen Miteinanders in Wohnquartieren, formuliert werden, muß neben einem ökonomischen ein soziales Instrumentarium entwickelt werden, das dann zur Zielerreichung unter

---

1 Diese Überlegungen sind auch auf einem wissenschaftlichen Kolloquium der Technischen Universität Harburg diskutiert worden. Vgl. C. FARENHOLTZ u.a. (Hrsg.), Eigenbestimmung und Fremdbestimmung im sozialen Wohnungsbau, Hamburg 1982 (voraussichtlich).

2 Ebenso sicher ist, daß sich in der überwiegenden Zahl aller Wohngebiete, insbesondere in ländlichen Regionen, soziale Strukturen gebildet haben, die z.Z. keine oder nur geringe sichtbare Spannungen aufweisen. Dies sagt nichts darüber, ob diese Strukturen aus Sicht des Staates oder der Betroffenen "optimal" sind. Es gibt allerdings auch keine Begründung für die Annahme, daß sich die oben beschriebenen Entwicklungen grundsätzlich nicht ausbreiten. Die Erfahrungen in vielen Städten der Welt belegen dies. Zudem spricht in der Bundesrepublik auch der zunehmende Ausländeranteil dafür. Ebenso kann die absehbare Veränderung von Werthaltungen, Verhaltensweisen und Handlungen dazu beitragen. Eine vorausschauende Beobachtung dieser Entwicklung ist notwendig. Präventive Handlungen sind in die Überlegungen einzubeziehen.

Berücksichtigung der Wechselwirkung von Zielen und Mitteln eingesetzt wird. Ziel/Mittel-Konflikte sind ein weites Feld und können hier nicht diskutiert werden.

Wie können diese Ziele gefunden und formuliert werden? Mehrere Zielebenen, die nicht hierarchisch geordnet sind, sind zu unterscheiden:

Die erste Zielebene ist durch die Lage der jeweils betroffenen Mieter im allgemeinen gekennzeichnet. Jeder Ansatz, der nicht versucht, diese in Zieldiskussionen und Therapievorschläge einzubeziehen, verfehlt seine angestrebte Wirkung weitgehend.

Aus dieser allgemeinen Fragestellung ergeben sich eine Reihe von schwierigen Problemen, die die Praxis mit Sicherheit nicht allein lösen kann.

Um diese zu verdeutlichen, können theoretisch - ohne jede Wertung - vier Mietergruppen mit in der Regel verschiedenen, möglicherweise auch widersprüchlichen Zielen, unterschieden werden:

a) "Mündige" Mieter: Sie kennen ihre Präferenzen und Bedürfnisse weitgehend.

b) "Nicht artikulationsfähig", weil angepaßt oder nicht entsprechend ausgebildet, aber eigentlich mündig. Präferenzen, Wünsche und Vorstellungen dieser Gruppe müssen aufgedeckt werden.

c) "Ohne Vorstellungen".

d) Mit Vorstellungen, die die Gesellschaft und die Allgemeinheit nicht akzeptiert. Die Gesellschaft muß entscheiden, welche Effekte zugelassen werden, ob und wie sie gegebenenfalls gemildert werden.

Einem Obdachlosen vorzuhalten, er sei zu wenig strebsam, um Arbeit und Wohnung zu erhalten, einem Ausländer vorzuwerfen, er integriere sich nicht (in für ihn völlig fremde Lebensgewohnheiten)[1] oder einem Alkoholkranken seine Sucht anzulasten, trägt weder zur Lösung der individuellen noch der gesellschaftlichen Probleme bei.

Naturgemäß unterliegen die Bedürfnisse und ihre Veränderungen der Umwelt, dem Erfahrungshorizont. Sie entwickeln sich aus dem Lebenskreis. Sie sind durch die individuellen persönlichen Möglichkeiten und Erfahrungen begrenzt.

Eine normative Bestimmung der Verhaltensweisen durch die Gesellschaft ist in einigen Fällen unumgänglich. Aus sozialwissenschaftlicher Sicht bedeutet dies: Festlegung der gesellschaftlichen Grenzen für Eigenbestimmung. Die offene Frage dabei ist, wer dies tun soll. In diesem Zusammenhang ist sicher auch die Frage von Bedeutung, inwieweit die Gesellschaft insgesamt belastet werden kann und welches Ausmaß an Eigenbestimmung sozial tolerierbar ist. Wie und von wem werden mögliche Widersprüche aufgelöst?

Voraussetzung für die Verbesserung der Lage der Betroffenen ist, daß ihre Ansichten und Verhaltensweisen und deren Ursachen in den Lösungsansätzen berücksichtigt werden, ohne

---
1 Fragen und Probleme, die mit dem Wohnen von Ausländern zusammenhängen (z.B. auch Kommunikationsprobleme), werden zwangsläufig zunehmen, wenn sich die Trendaussage des DIW realisiert, daß im Jahre 2030 von 58,3 Millionen Einwohnern, die dann in der Bundesrepublik Deutschland leben werden, 12 Millionen Ausländer (Obergrenze) sein werden. (Vgl. DIW Wochenbericht 24/81, S. 269). In jedem Fall sind Wohngewohnheiten auch die Abbildung von Lebensvorstellungen.

sie gleichzeitig zu überfordern. Insoweit müssen eigenbestimmte Momente in jeden Versuch einer Problemlösung eingehen. Benötigt wird ideelle und materielle Hilfe, um eigenbestimmtes und kreatives Handeln zu ermöglichen und zu entwickeln. Dies trägt zur eigenen Wertschätzung bei und hebt das Selbstwertgefühl. Fremdbestimmung behindert Lösungen. Benötigt wird Zeit, Konsens über Werte, Maßstäbe, Ziele, Wissen bei den betroffenen Mietern, Motivation und Aussicht auf Erfolg. Aufgrund von Lerneffekten könnte dann "gute Fremdbestimmung" über Erfahrung Eigenbestimmung erzeugen.[1]

Dies gelingt nur, wenn eine Identifizierung mit dem Lebensraum erreicht wird oder erreicht werden kann, wenn auch nur annäherungsweise. Hieraus ergeben sich erfahrungsgemäß Widersprüche zur Einschätzung der Situation durch die meinungsprägende Mehrheit.

Eine zweite Zielebene ist öffentlicher Natur.
Politisch normativ muß festgelegt werden, wie aus öffentlicher Sicht die Problemlösung unter Berücksichtigung der Lage der Betroffenen aussehen soll (Grenzen der Belastbarkeit der Gesellschaft und damit Grenzen individueller Verhaltensweisen). Damit sind u.a. folgende Fragestellungen gemeint: Wie sollen aggressive Jugendliche betreut werden? Welches politische Konzept der Ausländerbetreuung wird verfolgt?[2]

----
1 Zumindest muß diese Überlegung angestellt werden, auch deswegen, weil bei Widersprüchen über den anzustrebenden Zustand der Welt vielschichtige Prozesse in Gang gesetzt werden. Und es gibt (nach meinen Kenntnissen) in keiner Disziplin von vornherein nachvollziebare Gründe zu der Annahme, daß es "unmittelbare" Regelungsmechanismen gibt, die selbständig grundsätzlich zu einem - aus welcher Sicht auch immer - sozial tolerierbaren zwangsläufigen Zustand führen.

2 Es muß auch transparent gemacht werden, wie die Willensbildungsprozesse in der Gesellschaft verlaufen, welche Rolle der einzelne und welche das Kollektiv spielt. Auch die Rückkoppelung der Ergebnisse auf gesellschaftliche Entscheidungsprozesse muß transparent werden.

Der Versuch, Obdachlosenasyle aufzulösen, ist überwiegend
zum Scheitern verurteilt, wenn der Betroffene unter Berücksichtigung seiner speziellen Situation nicht zum mündigen,
vertragsfähigen Wohnen in Hausgemeinschaften angeleitet wird.
Erweist sich ein derartiger Versuch trotz intensiver oder
auch wegen mangelnder Betreuung durch öffentliche Stellen
als vergebens, sind öffentliche Wohnunterkünfte oder andere
Formen der direkten öffentlichen Wohnungsversorgung, z.B.
Direktanmietung, mit ziemlicher Sicherheit unvermeidbar.
Dies ist eine vielfach als unliebsam angesehene Konsequenz.
Davon unabhängig ist beispielsweise das Problem der Sozialbetreuung in öffentlichen Wohnunterkünften und auch die Frage der Erziehung der Kinder von Obdachlosen.[1]

Eine weitere Zielebene ist privater Natur.
Die Anbieter von Wohnraum für problembehaftete Nachfrager
verfolgen ebenfalls Ziele, die nicht notwendig mit denen
der ersten und zweiten Ebene deckungsgleich sein müssen.

Private Eigentümer haben meist das Hauptziel einer optimalen
wirtschaftlichen Verwertung ihres Grundbesitzes, in einzelnen Fällen auch soziale Nebenziele. Eine Folge davon sind
die Abwehrreaktionen bezüglich problembehafteter Nachfrager.
Darum bleiben - wie ausgeführt - als Anbieter für diesen Personenkreis überwiegend die größeren gemeinnützigen Unternehmen. Deren Zielbündel besteht aus einer Vielzahl von sozialen und ökonomischen Komponenten. Einerseits muß die gesamte

---

1 In diesem Zusammenhang ist eine Frage von besonderem Interesse: Wie wird die öffentliche Zielsetzung geprägt?

Politische Veränderungen erfolgen aufgrund von Druck oder Einsicht. Die Erfahrung zeigt, soweit nur einige Segmente des Wohnungsmarktes betroffen sind - größere gemeinnützige Unternehmen, städtische Wohnungsunternehmen, gewerkschaftliche Wohnungsunternehmen - daß von seiten der politischen Ebene meist kein großes Interesse besteht. Selbst bei den akuten Themen Ausländer bzw. Asylanten (z.B. Betreuung und Mietbelastung) gibt es bis heute keine verbindlichen Regeln. Staat und Verwaltung scheinen hier überfordert.

Kommunikation mit den Mietern letztendlich wirtschaftlich
sichergestellt werden, damit die wirtschaftliche Basis des
Unternehmens Bestand hat, auch damit soziale Zielsetzungen
überhaupt verfolgt werden können; andererseits gehört die
Verbesserung der Wohnungsversorgung und der sozialen Lage
gerade für Arbeitnehmer und benachteiligte Gruppen ebenfalls
in das Zielbündel gemeinnütziger Wohnungsunternehmen (Verbesserung der sozialen Lage bei wirtschaftlicher Absicherung).

Der Verzicht auf eine Zielformulierung käme für gemeinnützige Wohnungsunternehmen einer Selbstaufgabe und so einer Kapitulation vor den sich abzeichnenden Entwicklungen gleich.
Unternehmensaufgabe ist, operationale Ziele in bezug auf den
Zustand der Welt, nämlich die speziellen Situationen in
Wohnquartieren, zu formulieren, Mittel und Instrumente zu
finden und zu entwickeln, um diese Ziele zu erreichen. Dazu
gehört z.B. die Entwicklung von Wohnmodellen (für Senioren
oder Alleinstehende etc.) und Wohnquartieren, ihre Umsetzung
in die Realität - die Überlegung allein schafft keine Wohnungen - sowie die Betreuung und Bewirtschaftung dieser Quartiere. Die Zielformulierung ist nicht unabhängig vom Ist-Zustand der Welt und den "übrigen" häufig kontroversen Zielvorstellungen.[1] Dies bedeutet auch nicht, daß Analysen, Konzeptionen, Zielformulierungen, Arbeitsabläufe und Organisationsstrukturen nicht in Frage gestellt werden können und
müssen.

Konflikte, Probleme, Veränderungsprozesse aufgrund unterschiedlicher Vorstellungen werden auf mannigfaltige Weise
ausgelöst. Dafür werden einige Beispiele exemplarisch aufgeführt:

----
1 Tatsache ist auch, daß "vollständige" Information über die Zustände
heute und morgen wegen der Ungewißheit der Zukunft nicht möglich ist.
Vielmehr laufen eine Vielzahl von Prozessen, die sich wechselseitig
beeinflussen, unter "Unsicherheit" ab.

Durch die Verhaltensweisen problembehafteter Mieter können Probleme in der Mieterschaft sowie zwischen Mieter und Vermieter sowie öffentlicher Hand entstehen oder sich verstärken, z.B. durch eine Meinungsäußerung der Mieter: "Wir wollen keine weiteren Ausländer."

Ebenso entstehen Konflikte zwischen dem Wohnungsunternehmen und der öffentlichen Hand, die ein Obdachlosenasyl auflösen will, die Einzelbetreuung in Hausgemeinschaften aber nicht hinreichend gut gewährleisten kann. Die Belastungen aus den öffentlichen Entscheidungen fallen dann häufig bei den Wohnungsunternehmen an. Dies erzeugt verständlicherweise Abwehrreaktionen.

Zusammengefaßt können die Konfliktbereiche zwischen Mieter/ Wohnungssuchenden, Mietern insgesamt, Wohnungsunternehmen und öffentlicher Hand schematisch wie folgt dargestellt werden:

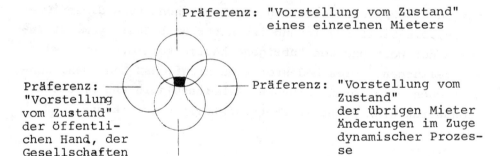

Präferenz: "Vorstellung vom Zustand" eines einzelnen Mieters

Präferenz: "Vorstellung vom Zustand" der öffentlichen Hand, der Gesellschaften

Präferenz: "Vorstellung vom Zustand" der übrigen Mieter Änderungen im Zuge dynamischer Prozesse

Präferenz: "Vorstellung vom Zustand" des Wohnungsunternehmens

Veränderungen und Verschiebungen ergeben sich in wechselseitig abhängigen dynamischen Prozessen aus Aktionen, Reaktionen wie Verhaltensänderungen, Anpassung, Zieländerungen usw. Gleichgewichtssituationen gibt es nur im Bereich der Dekkungsgleichheit der Präferenzen. Konfliktsituationen entstehen z.B., wenn die "tatsächliche" und die gewünschte Mieterschaft nicht deckungsgleich sind, z.B. Zahlungsfähigkeit und reale Kosten oder effektive und sozial tolerierbare Verhaltensweisen differieren.

Die Konstellation bei mangelhafter Wohnfähigkeit sieht dann wie folgt aus:

Präferenzen bzw. Verhaltensweisen
des Wohnungssuchenden
(z.B. keine Mietzahlungsbereitschaft
bzw. -möglichkeit oder keine
"Wohnfähigkeit"

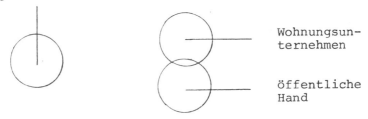

Wohnungsunternehmen

öffentliche Hand

Gesellschaft und Wohnungsunternehmen bewerten die Präferenzen bzw. die nachgewiesenen Verhaltensweisen eines Wohnungssuchenden als sozial nicht tolerierbar. Die Wohnungsvergabe scheitert. Hier wird die Wohnungsversorgung unmittelbar zur öffentlichen Aufgabe.

Dieses Schema kann um die Präferenzen "Vorstellungen vom Zustand der Welt" aus wissenschaftlicher, soziologischer, sozialpsychologischer oder der Sicht weiterer Disziplinen oder Interessengruppen erweitert werden (z.B. Präferenz für ein höheres Ausmaß an Selbstbestimmung bei Vernachlässigung der wirtschaftlichen Konsequenzen für Wohnungsunternehmen und Staat).

Auch diese Präferenzen werden die beschriebenen Prozesse beeinflussen (z.B. Entwicklung von Konzepten der Mietermitwirkung, beispielsweise im Rahmen der Modernisierung).

Diese Überlegungen müssen fortgeführt werden, damit bei allen Diskussionsteilnehmern oder von ihnen z.B. keine unrealistischen Erwartungen erzeugt werden (die dann wieder negative Konsequenzen für Lösungsmöglichkeiten und -prozesse haben können).

Eine gesellschaftspolitisch erfolgversprechende Wohnungspolitik muß die aufgezeigten vielschichtigen z.T. voneinander abhängigen Tatbestände aufgreifen und praxisbezogen verarbeiten. Dazu sind einige Neuorientierungen in der Praxis der Wohnungsverwaltung erforderlich.[1]

Für eine realistische Einschätzung der zukünftigen Aufgaben ist es also wichtig, daß sich die gemeinnützigen Wohnungsunternehmen, besonders die größeren, darauf einrichten,
- die sozialen Prozesse in Wohngebieten zu beobachten und zu analysieren
- zu versuchen, sie gegebenenfalls vorbeugend zu steuern
- mit instabilen Gleichgewichten, d.h. mit immer neu entstehenden Konfliktsituationen innerhalb von Mietergemeinschaften und Wohnquartieren bewußt zu leben
- mit problembehafteten Wohnungsnachfragern und -mietern aktiv zu arbeiten.

----
1 Unerläßlich ist auch ein aktiver Beitrag des Staates: Durch Verhaltensänderungen, gemeinsame Entwicklung von Konzepten, Zurverfügungstellung von sachlichen Mitteln und Personal (z.B. durch Umwidmung). Ebenso sind Beiträge unterschiedlicher wissenschaftlicher Fachrichtungen notwendig, um die sich abzeichnenden interdisziplinären Probleme einer Lösung zuzuführen.

Nicht alle Probleme können im vorhandenen Wohnungsbestand gelöst werden. Dem Neubau, insbesondere für spezielle Bedarfe (z.B. in Ballungsgebieten, für Behinderte, junge Familien mit Kindern, ältere Mitbürger etc.), kommt hier besondere Bedeutung zu. Dies muß in eine erweiterte Betrachtungsweise des sozialen Managements mit einbezogen werden.

Nur so können deren Probleme so weit wie möglich gelöst und
damit auch die gesellschaftlichen Folgen gemildert werden.
So können auch die eigenen Verwaltungs- und Betreuungsprobleme, die aus der Konfliktbewältigung resultieren, gelöst
und die dargelegten sozialpolitischen Zielsetzungen verfolgt
werden. Grundlage hierfür ist ein umfassendes aktives Handlungskonzept, um den einzelnen und die Gemeinschaft sich
entwickeln zu lassen, um Störungsprozesse vorbeugend zu verhindern oder auslaufen zu lassen, sowie die Bereitschaft der
Wohnungsunternehmen, sich in die jeweils unterschiedlichen
Situationen, Lage, Ziele, Verhaltensweisen und Reaktionen
ihrer Mieter hineinzuversetzen und eigene Strukturen, Maßnahmen sowie Verhaltensweisen zu überprüfen und darauf abzustellen.[1]

Eine Verhaltensänderung bzw. eine Vielzahl von Verhaltensänderungen, die sich nach und nach positiv für den einzelnen
und für die Gesellschaft, d.h. sozial stabilisierend,[2] auf
die Gesamtsituation eines Wohnquartiers auswirken, ist nur
zu erwarten, wenn die Bedürfnisse des Betroffenen akzeptiert
und berücksichtigt werden, ihre Erfüllung unterstützt wird,
auch über die Form der Kommunikation[3] hinaus. Identifikation
mit dem Lebensraum ist erforderlich, wenn Chancen zur Persönlichkeitsentwicklung wahrgenommen werden sollen.

----
1 Dies gilt auch für die Koordination von eigenen Maßnahmen mit solchen der öffentlichen Hand.

2 Mit "stabilisierend" ist eine dynamische Stabilität gemeint, die prozeßbedingte Änderungen des Stabilisierungsniveaus (z.B. Veränderung von Zielen und deren Realisierungsmöglichkeiten) einschließt.

3 Die Erfahrung in vielen Einzelfällen zeigt im übrigen, daß die Anonymität und auch der formalisierte Schriftwechsel manche der anzusprechenden Mieter überfordern. Eine den zu lösenden Problemen dienende Kommunikation und daraus zu entwickelnde Lösungen werden dann weitgehend verhindert.

Persönlicher Kontakt, der der konkreten Ursachenfindung dient, ist oft allein erfolgversprechend. Dem Aufwand durch persönliche Kontakte stehen im übrigen Minderaufwendungen im Verwaltungsbereich gegenüber, z.B. Vermeidung von unnötigem internen und externen Mehrfachschriftwechsel.

Wichtig ist in diesem Zusammenhang die Überwindung der Anonymität, sowohl auf der Seite der Wohnungsunternehmen als auch auf der Seite der Betroffenen. Die Mieter müssen an ihrem Wohnquartier interessiert werden, die Isolierung des einzelnen muß überwunden werden. Kreativität und Möglichkeiten der Eigenbestimmung[1] als wesentliche Merkmale der Persönlichkeitsbildung müssen unterstützt werden. In der Realität bedeutet dies, Lösungen in kleinen überschaubaren Schritten anzustreben. Überhöhte, unrealistische Erwartungen, so z.B. an Verhaltensänderungen, verschärfen bestehende Probleme eher. Die Vielzahl der unterschiedlichen Probleme und Situationen sowie ihre vielschichtigen Ursachen erfordern differenzierte quartierbezogene Lösungen besonderer Art.

Ein auf die
- Bedürfnisse und die Situation des einzelnen Mieters und der Mieter insgesamt gerichtetes und personalisiertes
- die spezifischen Situationen in den Wohnquartieren vorausschauend erfassendes
- die Ziele und Möglichkeiten der öffentlichen Hand berücksichtigendes
- die Ziele und Vorstellungen des Wohnungsunternehmens verfolgendes

soziales Management als Methode zur Beobachtung, Steuerung, Verhinderung und Bewältigung sozialer Probleme bei gemeinnützigen Wohnungsunternehmen ist das Gebot der Zukunft. Das so-

---

[1] Die Möglichkeiten der Eigenbestimmung eines Haus- oder Wohnungseigentümers basieren auf den (möglicherweise beschränkten, z.B. bei Eigentumswohnungen nach dem Wohnungseigentumsgesetz) Dispositionsmöglichkeiten über sein Vermögen. Er trägt das Vermögensrisiko.

Die Eigenbestimmung eines Mieters wird durch das Vermögensrisiko des Wohnungseigentümers begrenzt. Modelle, in denen das Vermögensrisiko von der Gesellschaft getragen wird, können als Leitidee für den Mietwohnungsbau nicht generell herangezogen werden.

ziale Management als übergeordnete Leitidee, die auch das
traditionelle Verwaltungshandeln überwindet, insbesondere
ausgerichtet auf in unserer Gesellschaft benachteiligte
Gruppen, um ihnen und ihren Kindern bessere Startchancen zu
geben, umfaßt u.a.:

- Die koordinierende und unterstützende Tätigkeit einer Bezugsperson bei allen Aktivitäten der Wohnungsverwaltung
  (z.B. Vermietung, Sozialarbeit, Technik), Unterordnung aller Aspekte der Wohnungsverwaltung unter das soziale Management,

- individuelle Mieterbetreuung mit der Zielsetzung, Hilfe
  zur Selbsthilfe zu geben. Dazu gehört u.a. die Beseitigung
  von Informations- und Artikulationsdefiziten, z.B. über
  gesetzliche Ansprüche auf Sozialleistungen, Herstellung
  von Kontakten zu Behörden und Nachbarn mit u.U. ähnlichen
  Problemen und Interessen (Heranwachsende, Senioren, Alleinerziehende, Heimwerker etc.), Hinweise auf mögliche Problemlösungen, Einleitung von Lernprozessen.[1]

- Kontakte und Zusammenarbeit mit öffentlichen und privaten
  sozialen Diensten, verbunden mit einer Koordinationsaufgabe, z.B. um die Betroffenen nicht zu überfordern; ein
  Zuviel[2] im Vorfeld zu vermeiden; teilweise gibt es bereits
  zuviel "Professionalisierung" und zu wenig Hilfe, Hier
  spielt auch das "Akademikerproblem" unter den Sozialarbeitern eine Rolle, ebenso ihre Rollenkonflikte.[3]

----
1 In diesem Zusammenhang ist erforderlich, auch den betroffenen Mietern
  deutlich zu machen, wo die Hilfestellung aufhört, wo eigene Aktivitäten notwendig sind, um kein unberechtigtes Anspruchsdenken aufkommen
  zu lassen oder gar zu verstärken.
2 Bei Beobachtung unserer Wohnungs- und Sozialgesetzgebung wie auch
  der Planungsgesetzgebung wird eine Regelungsdichte offenkundig, die
  den Raum für eine individuelle Lebensgestaltung einschränkt.
3 Unterschiedliche Rollen (auch zwischen Vermietervertretern und Mietern bzw. ihren Vertretern) sind wichtige Voraussetzung für einen
  Dialog.

- Mitwirkung bei der Wohnumfeldgestaltung, z.B. bei Gemeinschaftsräumen, Gartenanlagen (Bewohner gestalten ihre Vorder- und Hintergärten, Bewohner übernehmen Baumpatenschaften), Spielplätzen, Treppenhäusern und Hauseingängen in Zusammenarbeit mit Fachleuten.
  In diesem Zusammenhang ist interessant, daß Betriebskosten z.B. für Gartenpflege und damit die Mietbelastung durch die Eigeninitiative der Bewohner gesenkt werden können.

- Ansprechpartner für Gruppen und Initiativen bzw. Mieterbeiräte.

- Anregung und Unterstützung von Gruppen und Initiativen zu wohnquartiers- oder stadtteilbezogener Gemeinwesen- und Kulturarbeit, z.B. Einrichtung von eigenverantwortlich geführten Kommunikationsräumen, wie z.B. Teestuben, Altentreffs, Hobbywerkstätten, Kinderspiel- und Laienspielgruppen.

Aktivitäten dieser Art können sich als dynamische Stabilisatoren auswirken und über die selbständige und eigenverantwortliche Gestaltung einen positiven Beitrag zum Wohnklima für den einzelnen und dann auch für die Gemeinschaft bringen. Solcher Entwicklung von gemeinsamen Aktivitäten und Nachbarschaftsbeziehungen kommt eine stabilisierende Funktion zu, die ein Gegengewicht zu der beobachteten Desorientiertheit in vielen Wohnquartieren bilden kann. Mit der eigenwirtschaftlichen Selbstverwaltung, z.B. von Kommunikationsräumen, in voller Verantwortung der Mieter sind in vielen Wohnquartieren in den letzten Jahren positive Erfahrungen gesammelt worden.

- Beobachtung der Sozialstrukturen; Aufgabe ist es, Sozialstrukturen sich entwickeln zu lassen. Wenig Eingreifen ist positiv, dieses ermöglicht auch den Einsatz für andere, die mehr Fürsorge benötigen.

- Beeinflussung der Sozialstrukturen durch Belegungsplanung. Wichtig ist hier eine möglichst konfliktvermeidende Zusammensetzung der Hausgemeinschaft, ein Interessenausgleich zwischen dem einzelnen und der Gemeinschaft. Hierbei bedarf es der wirksamen Zusammenarbeit mit den Wohnungsämtern und den Vermietungssachbearbeitern sowie in vielen Fällen mit den betroffenen Mietern. Familien mit Kindern und Senioren unter einem Dach sind nur dann glücklich, wenn alle Beteiligten dies wollen. In vielen beobachteten Fällen ergibt sich Heterogenität im Stadtteil, Homogenität im Wohnblock. Dennoch ist jede Situation anders gelagert und anders zu betrachten.[1] Die Mitwirkung der Bewohner bei der Belegung unter dem Motto: "Mieter suchen sich ihre Nachbarn selbst" (die Vermittlung von Mietinteressenten aus dem Bekanntenkreis) kann ebenfalls zu einer sozialen Stabilisierung beitragen.[2]

----
[1] Gründe, Kriterien und Maßstäbe, nach denen Leute zusammenleben (z.B. Belegungsvorschriften bei öffentlich geförderten Wohnungen) oder zusammenleben wollen, sind sehr unterschiedlich. Insoweit sind unterschiedliche Situationen auch bezüglich der Wertvorstellungen unserer Gesellschaft immanent. Werte und Maßstäbe unterliegen dem Wandel im Zeitablauf. Abgesehen von der mangelhaften Aussagefähigkeit von Durchschnitten ist die Definition einer "durchschnittlichen" (beobachteten) Sozialstruktur wenig hilfreich. Ebensowenig hilfreich ist eine Bewertung als gut oder schlecht, zumal sie vom Beurteilenden, von seinen Wertmaßstäben abhängig ist.

Bei der Belegungsplanung geht es nicht darum, einheitlich vorgegebene Strukturen anzustreben, sondern der jeweiligen Lage angemessene, i.a. unterschiedliche.

[2] Aufgabe des Wohnungsunternehmens ist es, einerseits darauf zu achten, daß keine ungerechtfertigten Schranken gegen sozial benachteiligte Wohnungssuchende aufgebaut werden, andererseits muß es versuchen, selbstverschärfenden Tendenzen entgegenzuwirken.

In diesem Zusammenhang sind folgende Anmerkungen notwendig: Es ist wichtig, grundsätzlich die Ghettoisierung ganzer Wohngebiete zu vermeiden und die Durchlässigkeit von Wohnbezirken sicherzustellen. Das heißt auch - entgegen den Vorschlägen, die jüngst diskutiert wurden -, daß die gemeinnützigen Wohnungsunternehmen auf Dauer nicht ausschließlich problembehaftete Mieter mit Wohnraum versorgen können. Dafür spricht, daß problembehaftete Mieter nicht grundsätzlich problembehaftete Mieter bleiben, sondern bei erfolgreicher Therapie zu "problemlosen" Mitmietern werden. Die Betroffenen müssen bei ihrem Vermieter Zugang zu anderen Quartieren haben. Das Wohnungsunternehmen muß seinerseits die Möglichkeit besitzen, eine quartiersübergreifende vorausschauende Sozialstrukturplanung zu betreiben.

- Eigentumsbildung in Arbeitnehmerhand, gerade in größeren neuen Wohngebieten, ergibt sich durch die Umwandlung von Miet- in Eigentumswohnungen, wo immer die Mieter es wünschen, nach den bisherigen Erfahrungen ein wichtiger dynamischer Stabilisationsfaktor.

- Entwicklung, Praktizierung und Überprüfung von Wohnmodellen bzw. Wohnformen, z.B. für Senioren, Alleinerziehende, Studenten, Familien mit Kindern, Gemeinschaftseinrichtungen, flexible Grundrisse, alternative Wohnungsbauformen.

- Beratung bei bedürfnisbezogener Modernisierung, Instandhaltung und Instandsetzung.

Hierbei geht es darum, bei technischen Maßnahmen die Bedürfnisse und Gewohnheiten der Bewohner sowie deren finanzielle Möglichkeiten und die technischen Modernisierungserfordernisse in Einklang zu bringen. Eine wechselseitige Zusammenarbeit mit den Ingenieuren, Technikern und Mietern ist besonders wichtig.

An dieser Stelle sind einige Anmerkungen zur Modernisierung durch Mieter der eigenbestimmten Gestaltung in der Wohnung erforderlich:

Aus der Mietermodernisierung resultieren aus Mietersicht zwei wesentliche Vorteile:
1) die eigene Wahl und Gestaltungsmöglichkeit und
2) im allgemeinen niedrigere finanzielle Belastungen durch Eigenhilfe oder geringere Kosten als 11% der Modernisierungskosten.

Die Grenzen liegen in der technischen Hoheit des Eigentümers, solange er das Vermögensrisiko trägt.[1]

Offen ist in diesem Zusammenhang, wie und von wem die unrentierlichen Ausgaben außerhalb der Wohnung im Zuge von mieterseitigen Modernisierungen (z.B. Erneuerung von Kaltwasserleitungen bei dem Einbau eines Bades) getragen werden.

Zur Zeit ist weiter ungeklärt, wie die Abgeltung beim Auszug durch den Eigentümer bzw. den Nachfolgemieter erfolgen kann und wie die Ausnutzung steuerlicher Vorteile durch den Mieter sowie die finanzierungstechnische Absicherung bei der Verwendung von mietereigenen Bausparverträgen (z.B. Bürgschaften) gestaltet werden kann.

Für das Wohnungsunternehmen liegen die Vorteile
1. in der Zufriedenheit der Mieter und
2. in der Tatsache, daß Mieterinvestitionen Eigeninvestitionen ersetzen.

----
1 Beispielsweise hat bei einem Duschbadeinbau auf Holzbalkendecken der Vermieter das unabdingbare Interesse einer Fußbodenisolierung gegen Wasser, damit durch eindringendes Wasser die Balkenköpfe nicht verfaulen.

Die Belastungen des Wohnungsunternehmens liegen zweifelsohne in hohem Aufwand bei der technischen Begleitung und auf Dauer im Bereich der Verwaltung unterschiedlich ausgestatteter Wohnungen. Erste Erfahrungen liegen in einzelnen Wohnquartieren bereits vor.

Soziales Management in diesem Sinne eröffnet neue Tätigkeitsfelder in der Wohnungsverwaltung, die ein Umdenken bzw. -lernen der Mitarbeiter erfordert und damit auch an die Aus- und Weiterbildung neue Anforderungen stellt.[1]

Dies gilt z.B. für die Beobachtung und gegebenenfalls Steuerung sozialer Prozesse durch die Sozialarbeiter und/oder die Vermietungssachbearbeiter, für die Zusammenarbeit von technischen Mitarbeitern und Sozialbehörden bei individuellen Wohnungsproblemen. Das gilt aber auch für die Frage, inwieweit die Aktivität "personalisierte" Sozialarbeit auf Dauer physisch und psychisch von einer Person verkraftet werden kann oder ob in der Praxis räumliche und/oder sachliche Rotationsmodelle angewendet werden müssen.

Es wird eine Weile dauern, die erforderlichen Umdenkungs- und Lernprozesse einzuleiten. Wichtig ist, daß alle Teiltätigkeiten der Wohnungsverwaltung unter den übergeordneten Zielsetzungen eines sozialen Managements durchgeführt werden. Insoweit geht dies über die herkömmliche Sozialarbeit hinaus. Und das ist allerdings ein wesentlicher Gesichtspunkt.

----
1 Den gemeinnützigen Wohnungsunternehmen fällt in diesem Rahmen die Aufgabe zu, durch die Entwicklung von Arbeitsmitteln zur Entbürokratisierung auf allen Ebenen beizutragen und so Kapazitäten für Dezentralisierung und Personalisierung zu erschließen (Teil der Innovationsfunktion der gemeinnützigen Wohnungsunternehmen). Zum Beispiel hat die Neue Heimat hierzu durch die Konzipierung und Einführung eines dezentralen direkten Datenverarbeitungssystems die Voraussetzungen für die 80er und 90er Jahre geschaffen. Die Dezentralisierung der Verwaltung, die Möglichkeit der Organisation kleiner Einheiten und die Möglichkeit direkter personalisierter Dialoge mit den Mietern durch Überwindung der traditionellen Büroorganisation sind wichtige Schritte in die richtige Richtung.

Es muß deutlich darauf hingewiesen werden, daß die Lösung dieser für unsere Gesellschaft insgesamt so bedeutsamen Aufgaben mit zusätzlichen Kosten verbunden ist. Eine auch aus gesellschaftlicher Sicht erfolgversprechende individuelle und personalisierte Behandlung der aufgezeigten vielschichtigen Probleme durch qualifizierte Mitarbeiter in der Wohnungsverwaltung verursacht zwangsläufig Zusatzkosten.

Den Mehrkosten im Bereich der Wohnungsunternehmen für das soziale Management stehen Minderkosten bzw. positive individuelle Effekte auf unterschiedlichen Ebenen gegenüber:

1. Gelingt der Beitrag zur Persönlichkeitsentwicklung der betroffenen Mieter, ist dies ein Beitrag zur staatsbürgerlichen Bildung.

2. Daraus resultieren dann Minderkosten bei der Verringerung der mutwilligen Schäden und

3. insbesondere Minderkosten für die Gesellschaft, nämlich durch eine geringere Belastung von Beamten, Behörden, Gerichten und anderen öffentlichen oder öffentlich geförderten Institutionen sowie

4. größere Handlungsspielräume für Mieter und Vermieter.

Für eine gesellschaftspolitische Kosten/Nutzen-Analyse ist schließlich die Hypothese von Bedeutung, daß einige Probleme sonst überhaupt nicht lösbar wären. Die soziale Destabilisierung würde weitergehen. Insoweit sind die Konsequenzen, die sich aus der Vernachlässigung dieser Aufgabe ergeben, teuer.[1]

----
[1] In diesem Zusammenhang darf nicht übersehen werden, daß eine Verschlechterung der ökonomischen Bedingungen (steigende Mieten, Realeinkommensminderungen) sowie das Arbeitsplatzrisiko negative Wirkungen haben.

Für die Unternehmen, die diese gesellschaftspolitisch wichtigen Aufgaben übernehmen, dürfen jedoch auf Dauer keine Wettbewerbsnachteile durch Zusatzkosten entstehen, denen besonders bei gemeinnützigen Unternehmen keine Deckungsmöglichkeiten aus Vermieterrenten (Differenzen zwischen Markt- und Kostenmiete) gegenüberstehen.[1]

---

[1] Hier soll auf eine Reihe von Schlüssen aufmerksam gemacht werden, die einer empirischen Überprüfung nicht notwendig standhalten.

RÖPER und SCHMID formulieren:

"Die berücksichtigungsfähigen Instandsetzungskosten werden durch die II. Berechnungsverordnung den GWU vorgeschrieben. Als Maßstab gelten hier wie bei der Festsetzung der Verwaltungskosten die Kalkulationsunterlagen des Gesamtverbandes der gemeinnützigen Wohnungswirtschaft. Diese werden sich an den kleineren Gesellschaften orientieren, da die zugestandenen Pauschalen auch für diese ausreichend sein müssen.

Hier liegen nun Vorteile für die großen GWU, die durch Rationalisierungsverfahren in der Lage sind, Instandhaltung und Verwaltung günstiger zu gestalten. Die dadurch erreichten Kostenersparnisse kommen aber nicht dem Mieter zugute, sondern verbessern die Ertragslage der großen Unternehmen."

(B. RÖPER, J. SCHMID, a.a.O., S. 197).

Die Einwände gegen diese Schlußfolgerungen sind offensichtlich:

1) Wohngebiete mit problembehafteten Mieterstrukturen erfordern erhöhte Instandhaltung und Verwaltungskosten schon im normalen Geschäftsverkehr.

2) Die Kosten des (zusätzlichen) sozialen Managements müssen ebenfalls zum großen Teil aus den Verwaltungskosten gedeckt werden.

3) Wegen der hohen Arbeitsintensität sind bei Instandhaltungs- und Instandsetzungsmaßnahmen der Kostendegression enge Grenzen gesetzt. Die Erfahrung zeigt vielmehr, daß sehr kleine Handwerksunternehmen aufgrund ihrer Organisationsstruktur mit geringeren Zuschlägen kalkulieren als mittlere oder größere. Die größeren Wohnungsunternehmen sind aber überwiegend auf die mittleren und grossen Handwerksbetriebe angewiesen. Auch die Beschäftigung von nebenberuflichen Kräften, von denen keine oder nur geringe Zuschläge kalkuliert werden, ist eher in kleineren Unternehmen möglich.

4) Schließlich erfordert auch die Planung und Einführung technischer Innovationen Aufwand, der in der II. Berechnungsverordnung nicht abgedeckt ist.

In diesem Zusammenhang bietet es sich an, über mehrere Modelle nachzudenken; z.B. könnte im Rahmen der Betriebskosten der II. Berechnungsverordnung durch den Vermieter die Kostendeckung der Sozialbetreuung genauso erfolgen wie z.B. die der Hauswarttätigkeit. Einer durchschnittlichen Belastung, die solidarisch alle Mieter umfaßt, ist sozialpolitisch der Vorzug zu geben vor einer verursachungsgerechten Zurechnung, weil sonst die sozial Schwächeren überproportional belastet würden.

Eine Finanzierung könnte auch in ein am Wohnwert orientiertes Mietpreissystem eingearbeitet werden. Die sozialen Kosten wären in diesem Falle im Rahmen eines generellen Kostendeckungsprinzips aus Wohnwertzuschlägen zu decken.

Oder aber die notwendigen Zusatzkosten werden durch öffentliche Zuschüsse finanziert. Hierzu gibt es auf Kreis- und Gemeindeebene erste Erfahrungen.

Wichtig ist, daß die beschriebenen Aufgaben aus den angeführten Gründen vom Wohnungsunternehmen im Rahmen der Wohnungsverwaltung wahrgenommen werden.

Davon unabhängig ist die erforderliche Einrichtung von Sozialstationen und die Arbeit der Wohlfahrtsverbände. Denkbar sind auch gemeinnützige Vereine gemeinnütziger Wohnungsunternehmen, die diese Aufgaben mit staatlicher Förderung übernehmen.[1]

Jeder Lösungsansatz, der in der Praxis wirtschaftlich nicht umgesetzt werden kann, hilft auch nicht, die bestehenden Probleme zu lösen.

----
1 Die Finanzierung von Gemeinschaftseinrichtungen - besonders auch die Ausstattung von Gemeinschaftsräumen - ist ein auch im Mietpreisrecht unbeachtetes Problem, das z.Z. viele Ansätze zunichte macht.

4. DIE ZUKUNFT DER WOHNUNGSMÄRKTE UND OFFENE FRAGEN

1. Die Defizite der Wohnungsmärkte und die Mängel des Mietpreissystems sind offensichtlich. Dabei werden die sozial Benachteiligten besonders hart getroffen. Dieses Problem gilt es einer Lösung zuzuführen.

2. Die Steuerung des Wohnungsangebotes muß mangels anderer operationaler Steuerungsmöglichkeiten auf Dauer über die marktwirksame Nachfrage erfolgen.

3. Dabei ist Sorge dafür zu tragen, daß sozial ohnehin benachteiligte Gruppen - beispielsweise problembehaftete Wohnungssuchende - mit angemessenem Wohnraum versorgt und nicht verdrängt werden. Individualförderung durch eine soziale Ausgestaltung ohne Kappungsgrenzen (z.B. nicht beeinflußbare Heizkosten) für die sozial Bedürftigen und spezielle Objektförderung (z.B. Wohnungen für Mehrpersonen-Familien in Ballungsgebieten oder Altenwohnungen) sowie der Erwerb von Belegungsbindungen im nicht gebundenen Wohnungsbestand beschreiben die Entwicklungslinien der Zukunft.

Beides verlangt die zusätzliche Bereitstellung oder die Umwidmung von öffentlichen Mitteln sowie indirekte Förderungsanreize auch vor dem Hintergrund, daß ein Großteil der staatlichen Aufwendungen für den Wohnungsbau in die Förderung von Eigentumsmaßnahmen fließt (Anlage 4).[1]

----
[1] Auf der Finanzierungsseite werden ertragsteuerbefreite Pfandbriefe oder der Einsatz steuerbegünstigter Darlehen diskutiert. Auf der Investitionsseite setzen die Vorschläge an einer degressiven Ausgestaltung der Abschreibung oder an einer Übertragung der Regelung nach dem Berlin-Förderungsgesetz an. Die unterschiedlichen Verteilungs- bzw. Umverteilungswirkungen müssen mit in die Analyse einbezogen werden.

4. Im Durchschnitt ist ein höheres Mietniveau abzusehen.
Im politischen Bereich werden 25% des verfügbaren Einkommens als sozial tolerierbar genannt.[1] Dafür gibt es folgende Ursachen: Im Bereich des nicht gemeinnützigen und nicht dem Kostenmieten-Prinzip unterliegenden Wohnungsbaus (freifinanzierter, steuerbegünstigter und nicht öffentlich geförderter Altbaubestand) führt die Anwendung des Gesetzes zur Regelung der Miethöhe und die Möglichkeit von Mieterhöhungen und damit Realisierung von Vermieterrenten bei Neuvermietungen zu steigenden Mieten im vorhandenen Bestand. Daneben erfolgen durch Modernisierungen bedingte Mieterhöhungen. Ebenso sind höhere Mieten bei der Vermietung neuerstellter Wohnungen unausweichlich.

Im Bereich des sozialen Wohnungsbaus sind neben den steigenden Herstellungskosten und Mieten in Abhängigkeit vom Jahrgang der Produktion weitere Faktoren maßgeblich, die zu einem steigenden Niveau beitragen:

----
zu 1 Seite 86
Auf der Seite der Herstellungskosten ergeben sich Ansatzpunkte für die Fortführung des Wohnungsbaus bei der Bereitstellung von Bauland für spezielle Bauformen mit direktem Einfluß auf die Preisbildung in Abhängigkeit von den Verwertungsmöglichkeiten. Durch die ausreichende und schnelle Erschließung von Flächen, die miteinander konkurrieren, können monopolistische Preisfixierungen eingedämmt werden. Auch sparsame Erschließungen könnten die aufwärts gerichteten Preistrends abschwächen.
Im Bereich der technischen Herstellungskosten müßten sich organisatorische Reserven bei der Bauerstellung erschließen lassen, auch durch Mehreinsatz von qualifizierten Facharbeitern.

1 Bei der Formulierung und gegebenenfalls Durchsetzung von derartigen Zielen müssen verschiedene Fragen untersucht werden. So z.B: Wie weit sind die einzelnen Haushalte z.Z. von der 25%-Marke entfernt? Wie weit haben Haushalte in speziellen Situationen die 25%-Marke schon überschritten? In welchem Zeitverlauf und in welchem Ausmaß kann die Belastung gesteigert werden? Welche ökonomischen und sozialen Konsequenzen folgen daraus? Wo liegt eine Grenze? Welche Rolle spielen hier steigende Energiepreise? Wie muß die Individualförderung ausgestaltet werden, um gesellschaftlich anerkannte Härten im Einzelfall auszugleichen?

(1) Die Anhebung der Zinsen für öffentliche Darlehen nach den jüngsten Gesetzesänderungen.
(2) Die Auswirkungen des finanzierungsbedingten Abbaus von Aufwendungssubventionen, der in den Wohnungsbaujahrgängen seit Beginn der siebziger Jahre begründet wurde.
(3) Erhöhungen infolge von Modernisierungsmaßnahmen. Ein Entlastungseffekt in Form von geringer steigenden Mieten könnte nur durch mehr Subventionen erreicht werden. Stehen dafür in den öffentlichen Haushalten keine zusätzlichen Mittel zur Verfügung, bleibt nur eine Umverteilung zugunsten der neuen Wohnungen und zu Lasten des Bestandes älterer Wohnungen. Jüngst wird die Diskussion auch auf eine zusätzliche Belastung der Alteigenheimer ausgedehnt. Die Grundgedanken sind hier ähnlich wie bei der Begründung der Vermögensteuer, der zeitnahen Erfassung der Vermögenswerte, einer Hauszinssteuer oder der Hypothekengewinnabgabe.

Wichtig ist, daß bei steigenden Einzelmieten und steigendem Mietenniveau insgesamt nach einer gesellschaftspolitischen Entscheidung eine Absicherung im Einzelfall durch eine sozial ausgestaltete und weiter auszubauende Subjektförderung erfolgt, die die gesamte Wohnbelastung, also auch die Heizungskosten umfaßt. Individuelle und gesamtgesellschaftliche Leistungsfähigkeit müssen gleichermaßen berücksichtigt werden. Das sogenannte Fehlsubventionierungsproblem, daß jemand unberechtigterweise - weil er die Einkommensbedingungen des II. Wohnungsbaugesetzes nicht mehr erfüllt - Konsumentenrenten erhält, obwohl seine Einkommenssituation dies nicht rechtfertigt, löst sich dann auf Dauer von selbst.

5. In diesem Zusammenhang ist die Verbraucheraufklärung, die Information der Mieter über die zwangsläufigen wirtschaftlichen Zusammenhänge auf den Wohnungsmärkten erforderlich, damit auch eine Wertschätzung des Gutes Wohnen im Verhältnis zu anderen Gütern, z.B. Autos, erfolgen kann.

6. Der Substanzsicherung, Substanzverbesserung und Wohnumfeldverbesserung in Altbauquartieren wird künftig mehr Bedeutung zukommen, um die Defizite dieser Wohnungsmärkte nicht noch größer werden zu lassen. Darüber hinaus gilt dies aber auch für Wohnungen, die im Rahmen des sozialen Wohnungsbaus errichtet wurden und in denen Instandsetzung und Modernisierung mangels abgesicherter wirtschaftlicher Möglichkeiten im Modernisierungs- und Energieeinsparungsgesetz sowie in der II. Berechnungsverordnung nicht vorgenommen werden konnten. Tendenziell trägt diese Entwicklung ebenfalls zu einer Erhöhung der Mietenniveaus bei.[1]

7. In den achtziger Jahren kommt eine entscheidende Bedeutung gesellschaftspolitisch der Anwendung des vorgestellten Konzeptes eines sozialen Managements zu.

Hier sind eine Reihe von Problemen z.T. auch in der Theorie, besonders aber bei der praxisbezogenen Umsetzung ungeklärt. Dazu gehören ohne Anspruch auf Vollständigkeit:

- Wie werden Präferenzstrukturen aufgedeckt?
- Wie laufen Veränderungsprozesse ab?
- Welche öffentlichen Zielsetzungen sollen angestrebt werden?

----
1 Vgl. dazu M. ZIERCKE, Ansätze zur Erhaltung und Erneuerung von Stadtteilen, in: neue heimat, Monatshefte 10/81, S. 30 ff.

- Wie laufen in diesem Rahmen Willensbildungsprozesse ab?
- Wie werden sie rückgekoppelt?
- Wie können Lernprozesse zu mehr Verantwortlichkeit eingeleitet werden?
- Kann Selbstverwirklichung gelernt werden? Welche Methoden können dabei angewendet werden?
- Wie können Mieter- und Vermieterinteressen in bessere Übereinstimmung gebracht werden? Mit welchen Regeln? Wie können solche Modelle finanziert werden?
- Wie kann der Einfluß bezüglich dieser Fragen auf die Politiker verstärkt werden?

8. Für alle diese Fragen ist mehr in der Praxis verwertbare interdisziplinäre Wohnungsmarktforschung erforderlich.

9. Als Voraussetzung für eine rationale Wohnungspolitik benötigen wir neben solchen interdisziplinären Kenntnissen
    a) mehr Datensicherheit über die Bestandssituation (Wohnungs- und Volkszählung) und
    b) einfache Prognoseinstrumente für regionale Teilmärkte.

10. Für viele Eigentumsmärkte zeigt sich eine schlichtere Zukunft. Trotz der beobachteten Preisentwicklungen auf den verschiedenen Märkten für Eigentumsmaßnahmen zeigen die Daten der vergangenen Jahre sowie die derzeitigen Verbraucheranfragen, daß die Nachfrage auch in den nächsten Jahren auf diesen Märkten vorhanden sein wird. Kosten- und Belastungsentwicklungen setzen zwar zeitweilig Grenzen. Eine kaufwirksame Nachfrage - auch in Abhängigkeit von akkumuliertem oder ererbtem Vermögen - wird sich aber jeweils in Wellen wieder einstellen. Selbsthilfe und Eigeninitiative werden zunehmen. Allerdings wird die Angebotssituation zunehmend von Altobjekten, die den Eigentümer wechseln, geprägt sein (Gebrauchtmarkt für Eigentumsobjekte).

Eine familiengerechte und sozial orientierte Ausgestaltung der Eigentumsförderung bleibt nach wie vor zentraler Diskussionspunkt. Schließlich kommt der Schaffung von Wohneigentum in Arbeitnehmerhand auch durch die Umwandlung von Miet- in Eigentumswohnungen verstärkt Bedeutung zu, weil anderenfalls für viele Arbeitnehmer der Erwerb von Wohneigentum überhaupt nicht mehr möglich wäre.

Verzeichnis der Anlagen

Anlage 1: Wohnungsbau im Deutschen Reich

2: Der gesamte Wohnungsbau (Bundesgebiet)

3: Warteschlangen bei Wohnungsämtern in ausgewählten Städten

4: Staatliche Aufwendungen für den Bereich Wohnungswesen und Städtebau

5: Anteil der gemeinnützigen Wohnungsunternehmen am Wohnungsbestand in der BRD von 1960-1980

6: Wohnungsfertigstellungen in der BRD: Anteile der gemeinnützigen Wohnungsunternehmen und der NEUEN HEIMAT 1965-1980

7: Anteil der gemeinnützigen Wohnungsunternehmen an den Fertigstellungen im sozialen Wohnungsbau in der BRD 1960-1980

8: Wohnungsbestand in der BRD: Aufteilung nach Eigentümern

9: Fenstermodernisierung im steuerlichen Vergleich

10: Bauleistungen der Unternehmensgruppe NEUE HEIMAT

11: Entwicklung des Wohnungsbestandes sowie der Marktanteile der NEUEN HEIMAT von 1970-1980

12: Regionale Verteilung des Wohnungsbestandes in der BRD - Anfang 1980 -

13: Der Mietwohnungsbestand in der BRD und seine Struktur: Bestand in der BRD, der gemeinnützigen Wohnungsunternehmen sowie der NEUEN HEIMAT

14: Produktionsstruktur der NEUEN HEIMAT von 1970-1980

zu Verzeichnis der Anlagen Seite 93

15: Anteile der Kostenarten an den Gesamtkosten per m² Wohnfläche sowie ausgewählte Vergleichsdaten von 1970-1980
(vollgeförderte reine Wohnbauten)

16: Mietbelastungsquote für verschiedene "Indexhaushalte" 1950, 1960, 1970, 1980

- Ausgaben für Wohnungsmiete sowie Elektrizität, Gas, Brennstoffe ausgewählter privater Haushalte je Haushalt und Monat in der BRD von 1960-1980

- Einkommen, Wohnkosten und Wohngeld der Wohngeldempfänger im Durchschnitt 1980

Anlage 1

Wohnungsbau im Deutschen Reich

Jahr	Fertiggestellte Wohnungen Neubau	Umbau	insgesamt	Bevölkerung in 1 000	Fertiggestellte Wohnungen je 10 000 Einwohner
1919	35 596	25 265	60 861	62 897	9,7
1920	75 928	32 379	108 307	61 797	17,5
1921	108 596	32 902	141 498	62 469	22,7
1922	124 273	30 697	154 970	62 035	25,0
1923	100 401	25 539	125 940	62 540	20,1
1927	-	-	284 444	64 022	44,4
1930	-	-	330 260	65 084	50,7
1935	-	-	263 810	66 871	39,5

Zum Vergleich: Wohnungsbau in der Bundesrepublik Deutschland

Durchschnitt 1949-1980	515 600	rd. 58 500			88,1

Quellen: Statistisches Reichsamt Berlin, Statistische Jahrbücher
für das Deutsche Reich, Jahrgänge 1924/25, 1928, 1931, 1937

Anlage 2: Der gesamte Wohnungsbau (Bundesgebiet)

Jahr	Genehmigungen Wohnungen[1] insgesamt	Fertigstellungen Wohnungen insgesamt	auf 10 000 der Bevölkerung	Wohnungen im sozialen Wohnungsbau insgesamt	Anteil an Spalte 3 v.H.
1	2	3	4	5	6
1949	rd. 315 000	221 960	45	153 340	69,1
1950	550 005	371 924	74	254 990	68,6
1951	482 406	425 405	84	295 580	69,5
1952	506 963	460 848	91	317 500	68,9
1953	607 500	539 683	105	304 240	56,4
1954	641 503	571 542	110	309 502	54,2
1955	650 287	568 403	109	288 988	50,8
1956	592 088	591 082	112	305 740	51,7
1957	543 229	559 641	104	293 160	52,4
1958	592 908	520 495	96	269 234	51,7
1959	624 388	588 704	107	301 187	51,2
1960	635 777	574 402	104	263 205	45,8
1961	648 766	565 761	101	241 899	42,8
1962	648 101	573 375	101	242 464	42,3
1963	575 677	569 610	99	228 757	40,2
1964	601 021	623 847	108	248 543	39,8
1965	622 772	591 916	101	228 606	38,6
1966	581 549	604 799	102	203 510	33,6
1967	532 752	572 301	97	192 690 3)	33,7
1968	536 840	519 854	87	177 686	34,2
1969	560 218	499 696	83	183 217	36,7
1970	609 356	478 050	79	137 095	28,7
1971	705 417	554 987	91	148 715	26,8
1972	768 636	660 636	107	153 214	23,2
1973	658 918	714 226	115	169 336	23,7
1974	417 783	604 387	97	148 121	24,5
1975	368 718	436 829	71	126 660	29,0
1976	380 352	392 380	64	127 766	32,6
1977	352 055	409 012	67	139 630	34,1
1978	425 751	368 145	60	104 900	28,5
1979	383 638	357 751	58	105 600	29,5
1980	380 609	388 904	63	103 700	26,7
1949-1980	17 500 983	16 480 555	–	6 768 775	41,1

zu Anlage 2 Seite 96

Fertigstellungen
Wohnungen in Ein- und Zweifamilienhäusern

Jahr	insgesamt[2]	Anteil an Spalte 3 v.H.	im sozialen Wohnungsbau[2]	Anteil an Spalte 7 v.H.
	7	8	9	10
1949	74 000	33,3	36 200	48,9
1950	124 000	33,3	59 800	48,3
1951	144 600	34,0	69 400	48,0
1952	159 727	34,7	76 500	47,9
1953	183 793	34,1	87 687	47,7
1954	208 641	36,5	95 333	45,7
1955	216 893	38,2	88 134	40,6
1956	228 922	38,7	94 210	41,1
1957	226 453	40,5	93 863	41,4
1958	211 575	40,6	89 631	42,4
1959	231 633	39,3	98 051	42,3
1960	235 484	41,0	88 169	37,4
1961	247 579	43,8	87 540	35,4
1962	245 410	42,8	84 758	34,5
1963	246 380	43,2	80 959	32,9
1964	265 840	42,6	82 458	31,0
1965	261 188	44,1	78 067	29,9
1966	259 434	42,9	64 021	24,7
1967	239 820	41,9	67 200	28,0
1968	213 750	41,1	60 700	25,3
1969	203 324	40,7	57 900	28,5
1970	196 107	41,0	48 700	24,8
1971	224 121	40,4	51 200	22,9
1972	248 460	37,6	47 400	19,1
1973	263 087	36,8	49 900	19,0
1974	229 765	38,0	47 200	20,5
1975	195 045	44,6	47 100	24,1
1976	207 842	53,0	55 100	26,5
1977	226 562	55,4	61 500	27,1
1978	239 532	65,1	57 100	23,8
1979	236 091	66,0	61 400	26,0
1980	249 076	64,1	63 500	25,5
1949-1980	6 944 134	42,1	2 230 681	32,1

1 In Wohn- und Nichtwohnbauten
2 Daten bis 1951 geschätzt
3 ab 1967 einschl. des (geschätzten) 2. Förderungsweges
4 in Wohn- und Nichtwohngebäuden, alle Baumaßnahmen
5 die Relationen Eigentums- zu Mietwohnungen sind geschätzt

Quellen: Unternehmensgruppe Neue Heimat, Jahresbericht 1979/80, S. A 11, A 13
Bundesbaublatt, Heft 11/1981, S. 690
Statistisches Bundesamt Wiesbaden, Wirtschaft und Statistik, Heft 10/1980, S. 677, Heft 5/1981, S. 347 f

zu Anlage 2 Seite 96

Wohnungsfertigstellungen in der BRD

Jahr	Wohnungen insgesamt [4]	darunter in neu-errichteten Wohngebäuden	davon in Wohngebäuden mit...			
			1 und 2 Wohnungen		3 und mehr Wohnungen	
	Anzahl		Anzahl	v.H.	Anzahl	v.H.
1962	573 375	519 839	245 420	47,2	274 419	52,8
1963	569 610	514 308	246 504	47,9	267 804	52,1
1964	623 847	564 456	265 845	47,1	298 611	52,9
1965	591 916	535 613	261 188	48,8	274 425	51,2
1966	604 799	547 939	259 434	47,3	288 505	52,7
1967	572 301	513 981	239 820	46,7	274 161	53,3
1968	519 854	481 821	213 750	44,4	268 071	55,6
1969	499 696	465 254	203 324	43,7	261 930	56,3
1970	478 050	444 904	196 107	44,1	248 797	55,9
1971	554 987	520 139	224 121	43,1	296 018	56,9
1972	660 636	623 317	248 460	39,9	374 857	60,1
1973	714 226	674 260	263 087	39,0	411 173	61,0
1974	604 387	568 473	229 765	40,4	338 708	59,6
1975	436 829	404 866	195 045	48,2	209 821	51,8
1976	392 380	361 829	207 842	57,4	153 987	42,6
1977	409 012	378 607	226 562	59,8	152 045	40,2
1978	368 145	340 078	239 532	70,4	100 546	29,6
1979	357 751	333 191	236 091	70,9	97 100	29,1
1980	388 904	363 211	249 076	68,6	114 135	31,4

Anteil der fertiggestellten Eigentums- und Mietwohnungen am Geschoßwohnungsbau

Jahr	Geschoßwohnungen insgesamt Anzahl	davon entfallen auf [5]			
		Eigentumswohnungen		Mietwohnungen	
		Anzahl	v.H.	Anzahl	v.H.
1973	410 000	160 000	39,0	250 000	61,0
1974	340 000	120 000	35,3	220 000	64,7
1975	210 000	80 000	38,1	130 000	61,9
1976	155 000	70 000	45,2	85 000	54,8
1977	150 000	70 000	46,7	80 000	53,3
1978	110 000	60 000	54,5	50 000	45,5
1979	97 000	56 000	57,7	41 000	42,3
1980	114 000	74 000	64,9	40 000	35,1

Anlage 3: Warteschlangen bei Wohnungsämtern in ausgewählten Städten

Stadt	Typ der Warteschlange	Stichtag	Länge der Warte-schlange *	Registrierte Bewerber um eine Wohnung		Antragsteller auf Wohn-berechtigungsschein gem. §5 WoBindG
				Anerkennung als Wohnungsnotstands-Dringlichkeitsfall	o.Anerkennung als Wohnungsnotstands-Dringlichkeitsfall	
Hamburg	C	30.06.1980	41 138	7 077		34 061
München	B	30.09.1980	16 219	14 540	1 673	
Köln	B	31.03.1980	15 849	10 100	ca. 5 900	
Frankfurt	B	31.12.1979	ca. 20 500	4 083	16 417 **	
Nürnberg	A	31.12.1979	5 257		5 257	
Bielefeld	C	31.12.1979	4 350	3 747		603
Mannheim	C	30.06.1980	6 500	2 000		4 500
Velbert	B	31.08.1980	1 700	749	951	
Ratingen	B	08.07.1980	940	250	690	
Herten	B	01.04.1980	712	200	512	
Fellbach	B	30.04.1980	250	60	190	
Seelze	A	01.10.1980	277		277	
Paderborn	A	31.07.1980	ca. 700		700	
Coesfeld	A	31.07.1980	20		20	

* in der Regel 12-Monatszeitraum abzüglich erfaßter Abgänge
** einschließlich in geringem Umfang Bewerber ohne Wohnberechtigungsschein

zu Anlage 3 Seite 99

Quelle: GEWOS, Warteschlangen vor den Wohnungsämtern,
Gewos-Schriftenreihe, Neue Folge 35,
Hamburg 1980, S. 20

"Mit Typ A werden die Warteschlangen bezeichnet, die aus den beim Amt für Wohnungswesen registrierten Bewerbern um eine Wohnung bestehen, und zwar ohne Kennzeichnung von Wohnungsnotstand oder Dringlichkeit."

Quelle: GEWOS, a.a.O., S. 13

"Mit Typ B werden die Warteschlangen bezeichnet, bei denen die registrierten Bewerber um eine Wohnung unterteilt sind in anerkannte Wohnungsnotstands- bzw. Dringlichkeitsfälle und in sonstige Fälle ohne besondere Dringlichkeit.

Quelle: GEWOS, a.a.O., S. 13

"Als Typ C haben wir die weitgefaßte Definition bezeichnet. Dieser Typ ist wiederum eine zweiteilige Schlange, bestehend aus registrierten, als Wohnungsnotstand-/Dringlichkeitsfall anerkannten Bewerbern um eine Wohnung und reinen Antragstellern auf Erteilung einer Wohnberechtigung gem. § 5 WoBindG."

Quelle: GEWOS, a.a.O., S 13 f

Einige Antragsteller haben bereits eine Wohnung, und zwar eine alte oder eine neue!

Anlage 4: Staatliche Aufwendungen für den Bereich Wohnungswesen und Städtebau
— soweit quantifizierbar (in Mrd. DM) —

Aufgabenbereich/ Maßnahmen	1974 Bund	1974 Länder Gemeinden	1974 insgesamt	1978 Bund	1978 Länder Gemeinden	1978 insgesamt	1980 Bund	1980 Länder Gemeinden	1980 insgesamt
1. Sozialer Wohnungsbau[1]			3,80			4,15			5,20
Zins- und Tilgungszuschüsse (Objektbezogene Beihilfen)	0,30	0,60	0,90	0,55	1,20	1,75	0,75	1,95	2,70
Zinsermäßigungen, die mit dem Darlehensbestand verbunden sind			2,90			2,40			2,50
nachrichtlich:									
Darlehensauszahlungen	0,70	1,90	2,60	0,60	1,85	2,45	0,80	1,90	2,70
Darlehensrückflüsse	0,60			0,65			0,70		
2. Sonstige Zinsermäßigungen[1]			0,80			0,70			0,70
Wohnungsfürsorge öff. Arbeitgeber			0,60			0,55			0,55
Lastenausgleich (Aufbaudarlehen)	0,20		0,20	0,15		0,15	0,15		0,15
Zwischensumme[1]	1,65	2,95	4,60	1,65	3,25	4,90	1,90	4,00	5,90
davon Zinsermäßigungen			3,70			3,10			3,20

zu Anlage 4 Seite 101

Aufgabenbereich/ Maßnahmen	1974 Bund	1974 Länder Gemeinden	1974 insgesamt	1978 Bund	1978 Länder Gemeinden	1978 insgesamt	1980 Bund	1980 Länder Gemeinden	1980 insgesamt
3. Indirekte Wohnungsbauförderung[1][2]	0,70	2,00	2,70	1,60	3,45	5,05	1,95	3,85	5,80
Steuervergünstigungen §§ 7b u. 54 EStG	0,70	0,95	1,65	1,50	2,00	3,50	1,75	2,35	4,10
Steuervergünstigungen § 7,5 EStG				0,10	0,10	0,20	0,20	0,20	0,40
Grundsteuervergünstigung auf 10 Jahre		1,05	1,05		1,35	1,35		1,30	1,30
4. Gemeinnützige Wohnungsunternehmen, Organe der staatl. Wohnungspolitik[3]	0,20	0,20	0,40	0,40	0,25	0,65	0,25	0,25	0,50
Steuerbefreiung	0,20	0,20	0,40	0,20	0,25	0,45	0,25	0,25	0,50
Investitionszuschüsse				0,20		0,20			
5. Modernisierung, Energieeinsparung[3]	0,15	0,15	0,30	0,30	0,30	0,60	0,60	0,65	1,25
Finanzhilfen (Bund-Länder-Programm)	0,10	0,10	0,20	0,15	0,15	0,30	0,40	0,40	0,80
Steuervergünstigungen (§ 82a EStDV)	0,05	0,05	0,10	0,15	0,15	0,30	0,20	0,25	0,45
1.–5. Wohnungsbauförderung[4]	2,70	5,30	8,00	3,95	7,25	11,20	4,70	8,75	13,45

zu Anlage 4 Seite 101

Aufgabenbereich/ Maßnahmen	1974 Bund	1974 Länder Gemeinden	1974 insgesamt	1978 Bund	1978 Länder Gemeinden	1978 insgesamt	1980 Bund	1980 Länder Gemeinden	1980 insgesamt
6. Städtebauförderung[5]	0,25	0,55	0,80	0,45	1,05	1,50	0,50	1,45	1,95
Finanzhilfen (StBauFG)	0,15	0,25	0,40	0,20	0,35	0,55	0,25	0,45	0,70
" Konjunkturprogramme, ZIP	0,10	0,10	0,20	0,25	0,40	0,65	0,25	0,50	0,75
" zusätzl. Länderprogramme		0,20	0,20		0,30	0,30		0,50	0,50
7. Bausparförderung[6]	1,80	1,85	3,65	1,30	1,35	2,65	1,25	1,35	2,60
Wohnungsbauprämien	1,55	1,55	3,10	0,95	0,95	1,90	0,95	0,95	1,90
Steuervergünstigungen	0,25	0,30	0,55	0,35	0,45	0,75	0,30	0,40	0,70
8. Wohngeld[1]	0,75	0,85	1,60	0,90	1,05	1,95	0,95	1,10	2,05
1.-8. Wohnungswesen, Städtebau[4]	5,50	8,55	14,05	6,60	10,70	17,30	7,40	12,65	20,05

1 Nach Angaben im Sozialbericht 1980.
2 Ergänzende Angaben: Subventionsberichte und "7b-Bericht" der Bundesregierung.
3 Nach Angaben im Subventionsbericht und Finanzbericht 1980.
4 Ohne Berücksichtigung der Grunderwerbssteuerbefreiung (1978 ca. 3,5 Mrd. DM).
5 Verschiedene Quellen: Subventionsberichte, Bundestagsdrucksache 8/2085 (Städtebaupolitik), Länderfinanzberichte.
6 Nach Angaben im Sozialbericht und Subventionsbericht.

Quelle: DIW-Wochenbericht 50/30, 11.12.1980, Seite 518

Anlage 5: Anteil der gemeinnützigen Wohnungsunternehmen am Wohnungsbestand in der BRD von 1960-1980

Jahr	Wohnungsbestand		
	BRD Mio.	Gemeinnütziger Wohnungsunternehmen – in 1 000 –	Anteil des Wohnungsbestandes der gemeinnützigen Wohnungsunternehmen am Gesamtbestand in der BRD – in v.H. –
1960	16,1	2 114	13,1
1965	19,0	2 596	13,7
1970	20,8	2 927	14,1
1975	23,6	3 224	13,7
1976	24,0	3 261	13,6
1977	24,4	3 291	13,5
1978	24,7 (23,4) 2)	3 299	13,4 (14,1) 2)
1979	25,0 (23,7) 2)	3 313	13,3 (14,0) 2)
1980	25,3 1) (24,0) 1)+2)	3 330	13,2 (13,9) 2)

zu Anlage 5 Seite 104

Nachrichtlich: Struktur des Wohnungsbestandes in der BRD nach Gebäudegrößen

1. Ergebnis Gebäude- und Wohnungszählung 1968

Gebäudegröße	Wohnungen[3]	
	1 000	%
Wohngebäude mit einer Wohnung	3 924,3	22,0
Wohngebäude mit zwei Wohnungen	4 269,0	23,9
Wohngebäude mit drei und mehr Wohnungen	9 667,3	54,1
	17 860,6	100,0

2. Ergebnis der 1%-Wohnungsstichprobe 1978

Gebäudegröße	Wohnungen insgesamt	
	1 000	%
Wohnungen in Gebäuden mit.....Wohneinheiten	21 399	100
1.....	5 210	24
2.....	4 773	22
3.....	1 696	8
4 und mehr.....	9 720	46
Eigentümerwohnungen in Gebäuden mit.....Wohneinheiten	7 880	100
1.....	4 413	56
2.....	2 253	29
3.....	424	5
4 und mehr.....	791	10
Mietwohnungen in Gebäuden mit.....Wohneinheiten	13 519	100
1.....	797	6
2.....	2 521	19
3.....	1 272	9
4 und mehr.....	8 929	66

zu Anlage 5 Seite 104

zum Vergleich:

3. Struktur des Wohnungsbestandes der gemeinnützigen Wohnungsunternehmen 1979[4]

Gebäudegröße	Wohnungen – in 1 000 –	in v.H.
Wohngebäude mit ein und zwei Wohnungen	94,4	2,9
Wohngebäude mit drei und mehr Wohnungen	3 204,7	96,7
Sonstige Wohngebäude	13,9	0,4
	3 313,0	100,0

1 Geschätzt (Fortschreibung der Gebäude- und Wohnungszählung (GWZ) vom 25.10.1968 sowie der 1%-Wohnungsstichprobe 1978)

2 1%-Wohnungsstichprobe 1978

3 ohne landwirtschaftliche Wohnungen, Freizeitwohnungen und Wohnungen in Wohnheimen

4 Ergebnis der Jahresstatistik 1979 (Gesamtverband gemeinnütziger Wohnungsunternehmen)

Quellen: Statistisches Bundesamt Wiesbaden,
Statistisches Jahrbuch 1973, S. 282

Statistisches Bundesamt Wiesbaden,
Wirtschaft und Statistik, Heft 5/1980, S. 287

Gesamtverband gemeinnütziger Wohnungsunternehmen,
Wohnungsbau 1960-1979, Zahlenspiegel

Anlage 6: Wohnungsfertigstellungen in der BRD: Anteile der gemeinnützigen Wohnungsunternehmen und der NEUEN HEIMAT 1965-1980

	1	2	3	4	5	6
	BRD	Anteil der gemeinnützigen Wohnungsunternehmen		Anteil der Neuen Heimat		
Jahr		gemeinnützige Wohnungsunternehmen	Anteil Spalte 2 an Spalte 1 in v.H.	Neue Heimat	Anteil Spalte 4 an Spalte 1 in v.H.	Anteil Spalte 4 an Spalte 2 in v.H.
	Anzahl	Anzahl		Anzahl		
1965	591 916	179 545	30,3	19 045	3,2	10,6
1970	478 050	103 907	21,7	12 096	2,5	11,6
1971	554 987	98 583	17,8	15 158	2,8	15,4
1972	660 636	133 806	20,3	18 679	2,8	14,0
1973	714 226	136 994	19,2	17 804	2,5	13,0
1974	604 387	119 993	19,9	14 643	2,4	12,2
1975	436 829	81 969	18,8	11 865	2,7	14,5
1976	392 380	62 618	16,0	12 214	3,1	19,5
1977	409 012	65 834	16,1	14 989	3,7	22,8
1978	368 145	35 223	9,6	7 598	2,1	21,6
1979	357 766	40 871	11,4	6 818	1,9	16,7
1980	388 904	43 998	11,3	7 357	1,9	16,7

Quellen: Unternehmensgruppe Neue Heimat: - Jahresberichte 1970-1980
- interne Statistiken (1980)

Gesamtverband gemeinnütziger Wohnungsunternehmen, Wohnungsbau 1960-1980, Zahlenspiegel

Anlage 7: **Anteil der gemeinnützigen Wohnungsunternehmen an den Fertigstellungen im sozialen Wohnungsbau in der BRD 1960-1980 (Miet-[1] und Eigentumswohnungen)**

Jahr	Bundesrepublik Deutschland				Gemeinnützige Wohnungsunternehmen			
	Fertigstellungen insgesamt	davon sozialer Wohnungsbau[2]	Anteil Spalte 3/ Spalte 2 v.H.	Fertigstellungen insgesamt	in eigener Bauherrschaft fertiggestellte Wohnungen[3]	davon Sozialwohnungen	Anteil Spalte 7/ Spalte 6 v.H.	Anteil gem. WU am sozialen Wohnungsbau in der BRD Spalte 7/ Spalte 3 v.H.
(1)	(2)	(3)	(4)	(5)	(6)	(7)	(8)	(9)
1960	574 402	263 205	45,8	173 462	134 984	75 942	56,3	28,9
1965	591 916	228 606	38,6	179 545	139 756	119 302	85,4	52,2
1970	478 050	137 095	28,7	103 907	81 830	61 555	75,2	44,9
1975	436 829	126 660	29,0	81 969	64 271	50 128	78,0	39,6
1976	392 380	127 766	32,6	62 618	48 732	39 125	80,3	30,6
1977	409 012	139 630	34,1	65 834	50 071	41 396	82,7	29,6
1978	368 145	104 900	28,5	35 223	26 926	17 027	63,2	16,2
1979	357 766	105 600	29,5	40 871	30 631	20 755	67,8	19,7
1980	388 904	103 700[3]	26,7	43 998	33 846	21 623	63,9	20,9

1 Vgl. Anlage 2, S. 2: Mietwohnungen im sozialen Wohnungsbau
2 ab 1978 1. und 2. Förderungsweg geschätzt
3 ohne Heimstätten und Landesentwicklungsgesellschaften

Quellen: Bundesbaublatt Heft 11/1980, S. 690
Gesamtverband gemeinnütziger Wohnungsunternehmen, Wohnungsbau 1960-1980, Zahlenspiegel

Anlage 8: Wohnungsbestand in der BRD: Aufteilung nach Eigentümern

Eigentümer	Wohneinheiten Anzahl in 1 000	Anteil v.H.
Gemeinschaft von Wohnungseigentümern	1 203,1	5,32
Einzelpersonen	7 433,3	32,88
Ehepaare	7 447,3	32,94
Erben- oder Personengemeinschaft	1 595,2	7,06
Freie Wohnungsunternehmen	323,9	1,43
gemeinnützige Wohnungsunternehmen	3 296,8	14,58
Kreditinstitute, Versicherungsunternehmen	196,4	0,87
Sonstige Unternehmen	485,0	2,15
Bund, Länder, kommunale Gebietskörperschaften	478,2	2,12
Sonstige Körperschaften des öffentlichen Rechts	146,7	0,65
	22 605,9	100,00

Quelle: Statistisches Bundesamt Wiesbaden, 1%-Wohnungsstichprobe 1978 Fachserie 5, Heft 3, Seite 34.

Anlage 9: Fenstermodernisierung im steuerlichen Vergleich
a. Gemeinnützige Wohnungsunternehmen
b. Private Wohnungsunternehmen

Baujahr 1955
Modernisierungskosten 40 000,-- DM
davon Herstellungskosten 70 v.H.
Instandhaltungskosten 30 v.H.

I. Öffentliche geförderte Wohnungen

	Gemeinnützige	Private A	Private B (ohne Zuschuß)
Modernisierungskosten	40 000,--	40 000,--	40 000,--
./. Zuschuß 25 v.H.	10 000,--	10 000,--	–
	30 000,--	30 000,--	40 000,--
davon			
Herstellungskosten 70 v.H.	21 000,--	21 000,--	28 000,--
Instandhaltungskosten 30 v.H.	9 000,--	9 000,--	12 000,--
Kostenmiete:			
Kapitalk. 8,5 v.H. v.21 000,-- 1 785,--		8,5 v.H.v.28 000,--	2 380,--
Abschr. 1,33 v.H. v.28 000,-- 372,--		1,33 v.H.v.28 000,--	372,--
auf Restnutzungsdauer 2 157,--			2 752,--
MAW 2 v.H. 43,--			55,--
	2 200,--	2 200,--	2 807,--
Steuerersparnis	entfällt		
Mieterträge	2 200,--	2 200,--	2 807,--
./. Aufwand			
Zinsen	1 785,--	2 380,--	
Abschreibung 4 v.H. v.21 000,--	840,--	–	
erhöhte Abschr. 10 v.H.v.28 000,--	–	2 800,--	
		2 625,--	5 180,--

zu Anlage 9 Seite 110

	Gemeinnützige	Private A	Private B (ohne Zuschuß)
Verlust		425,--	2 373,--
Steuerersparnis (Steuersatz 50 v.H.)		212,--	1 186,--
Ertragsüberschuß:			
Mieterträge	2 200,--	2 200,--	2 807,--
Erträge aus Steuerersparnis	--	212,--	1 186,--
	2 200,--	2 412,--	3 993,--
./. Aufwand	1 785,--		2 380,--
Zinsen		1 995,--	
Tilgung	210,--		280,--
	1 995,--	1 995,--	2 660,--
Überschuß:[1]	205,--	417,--	1 333,--

Außerdem ergeben sich für die Privaten A + B einmalige Erträge aus Steuerersparnis durch den sofortigen Abzug des Erhaltungsaufwands[2] als Werbungskosten.

Erhaltungsaufwand:

Erhaltungsaufwand		9 000,--	12 000,--
Steuersatz 50 v.H.		4 500,--	6 000,--

zu Anlage 9 Seite 110

II. Steuerbegünstigte Wohnungen

	Gemeinnützige	Private A	Private B (ohne Zuschuß)
Modernisierungskosten	40 000,--	40 000,--	40 000,--
./. Zuschuß 25 v.H.	10 000,--	10 000,--	-
	30 000,--	30 000,--	40 000,--
davon			
Herstellungskosten 70 v.H.	21 000,--	21 000,--	28 000,--
Instandhaltungskosten 30 v.H.	9 000,--	9 000,--	12 000,--

Kostenmiete:

Kapitalkosten 8,5 v.H.		
v. 21 000,--	1 785,--	
Abschrbg. 1,33 v.H.	372,--	
v. 28 000,--	2 157,--	
MAW 2 v.H.	43,--	
	2 200,--	

	Gemeinnützige	Private A	Private B
Mieterhöhung gem. § 3 MHG	11 v.H.v. 21 000,--	11 v.H.v. 28 000,--	
		2 310,--	3 080,--
Steuerersparnis	entfällt		
Mieterträge		2 310,--	3 080,--
./. Aufwand		8,5 v.H.v. 28 000,--	
Zinsen	1 785,--	2 380,--	
	840,--	2 800,--	
Abschreibung 4 v.H.v.21 000,--		2 625,--	5 180,--
Erhöhte Abschr. 10 v.H.v.28 000,--		325,--	2 100,--
Verlust		162,--	1 050,--
Steuerersparnis (Steuersatz 50 v.H.)			

zu Anlage 9 Seite 110

	Gemeinnützige	Private A	Private B (ohne Zuschuß)
Ertragsüberschuß			
Mieterträge	2 200,--	2 310,--	3 080,--
Erträge aus Steuerersparnis	-	162,--	1 050,--
	2 200,--	2 472,--	4 130,--
./. Aufwand			
Zinsen	1 785,--	2 380,--	
Tilgung	210,--	280,--	
	1 995,--	1 995,--	2 660,--
Überschuß:[1]	205,--	477,--	1 470,--

Einmalige Erträge aus Steuerersparnis durch Abzug des Erhaltungsaufwands[2]

Aufwand	9 000,--	12 000,--
Steuersatz 50 v.H.	4 500,--	6 000,--

[1] Der Überschuß kann als Finanzierungsbeitrag für die nicht fremdfinanzierten (mit 30% angesetzten) Instandhaltungskosten angesehen werden.

[2] Nach den geltenden Richtlinien können vielfach sogar 100% der Investition als Werbungskosten geltend gemacht werden, sofern die Modernisierungsmaßnahmen in vollem Umfang im Rahmen der steuerlichen Vorschriften als Erhaltungsaufwand anzusehen sind. Mietrechtliche und einkommensteuerrechtliche unterschiedliche Vorschriften ermöglichen somit in einzelnen Fällen die gleichzeitige Inanspruchnahme eines Zuschusses sowie den sofortigen Abzug von Werbungskosten. Dabei ist jedoch der Zuschuß nach dem ModEnG als eine einkommensteuerpflichtige Einnahme zu behandeln.

Anlage 10: Bauleistungen der Unternehmensgruppe NEUE HEIMAT

Die Unternehmensgruppe NEUE HEIMAT hat seit Bestehen ihrer Gesellschaften im In- und Ausland bis zum Jahresende 1979/80 insgesamt 467 574 Wohnungen gebaut; davon

- 43 627 in zum Verkauf bestimmten Ein- und Zweifamilienhäusern (eigene Bauherrschaft)
- 25 559 Eigentumswohnungen in Mehrfamilienhäusern
- 98 424 sonstige Wohnungen in Ein-, Zwei- und Mehrfamilienhäusern für Dritte
- 299 964 eigene Mietwohnungen überwiegend in Mehrfamilienhäusern

In der BRD wurden von der NEUEN HEIMAT von 1950-1979 47 580 Eigentumsmaßnahmen fertiggestellt; davon in den Bundesländern:

Hamburg/Schleswig-Holstein	17 228
Bremen/Niedersachsen	9 135
Nordrhein-Westfalen	8 699
Hessen, Rheinland-Pfalz, Saarland	6 592
Bayern	2 625
Baden-Württemberg	2 872
Berlin	429
	47 580

Quelle: Unternehmensgruppe NEUE HEIMAT:
- Jahresbericht 1979/80, Seite B 5
- interne Veröffentlichungen

Anlage 11: Entwicklung des Wohnungsbestandes sowie der Marktanteile der Neuen Heimat von 1970-1980

Jahr	Wohnungsbestand BRD	Mietwohnungsbestand Neue Heimat[1]	Anteil v.H.
1970	20,8 Mio	235 327	1,13
1971	21,3 "	242 410	1,14
1972	21,95 "	254 274	1,15
1973	22,6 "	261 954	1,16
1974	23,2 "	270 612	1,18
1975	23,6 "	290 000	1,23
1976	24,0 "	308 252	1,28
1977	24,4 "	318 245	1,30
1978	24,7 " (23,4) " [2]	318 946	1,29 (1,36)
1979	25,0 " (23,7) " [2]	319 489	1,28 (1,35)
1980	25,3 " (24,0) " [2,3]	319 492	1,26 (1,33)

[1] einschl. Sanierungsbestand

[2] Ergebnis der 1%-Wohnungsstichprobe 1978

[3] geschätzt

Quellen: Unternehmensgruppe Neue Heimat; - Jahresberichte 1971-1980
　　　　　　　　　　　　　　　　　　　　　　　　- interne Statistiken (1980)

　　　　　Statistisches Bundesamt Wiesbaden, 1%-Wohnungsstichprobe 1978
　　　　　Fachserie 5, Heft 3

Anlage 12: Regionale Verteilung des Wohnungsbestandes in der BRD
– Anfang 1980 –

Bundesländer	Wohng.insges. BRD Anzahl in Mio	davon entfallen auf Gemeinn.Wohn.Untern. Anzahl in 1 000	Ant.am Ges.Best. v.H.	NEUE HEIMAT Anzahl in 1 000	Ant.am Ges.Best. v.H.	Ant.am Bestand gemeinn.Wohn.Untern. v.H.
Schleswig-Holst.	1,07	170	15,9	29	2,7	17,1
Hamburg	0,75	250	33,3	35	4,7	14,0
Bremen	0,30	86	28,7	54	18,0	62,8
Niedersachsen	2,80	339	12,1	35	1,2	10,3
Hessen	2,20	311	14,1	21	0,9	6,8
Baden-Württemberg	3,50	306	8,7	22	0,6	7,2
Rheinland-Pfalz) und Saarland)	1,80	117	6,5	4	0,2	3,4
Nordrh.-Westfalen	6,60	1 029	15,6	62	0,9	6,0
Bayern	4,20	437	10,4	35	0,8	8,0
Berlin	1,00	268	26,8	16	1,6	6,0
Insgesamt	24,22	3 313	13,7	313	1,3	9,5

1 ohne Sanierungsbestand

Quellen: NEUE HEIMAT Hamburg, interne Veröffentlichungen
Gesamtverband gemeinnütziger Wohnungsunternehmen, Jahresstatistik 1979

Anlage 13: Der Mietwohnungsbestand in der BRD und seine Struktur: Bestand in der BRD, der gemeinnützigen Wohnungsunternehmen sowie der NEUEN HEIMAT

Bundesrepublik Deutschland[1]

Baujahr	Mietwohneinheiten			Eigentümerwohneinheiten			gesamt		
	Anzahl in 1 000	davon öffentl. gef.	v.H.	Anzahl in 1 000	davon öffentl. gef.	v.H.	Anzahl in 1 000	davon öffftl.gef.	i.H.
1. bis 31.12.1918 fertiggestellt	5 089.2	–	–	3 349.3	–	–	8 438.5		
2. 01.01.1919 – 20.06.1948 fertiggestellt = Altbauwohnungen									
3. 21.06.1948 – 31.12.1956 fertiggestellt	9 037.0	3 994.5	44,2	5 144.4	937.9	18,2	14 181.4	4 932.4	34,8
4. seit 01.01.1957 fertiggestellt = Neubauwohnungen									
Summe 1 – 4 Wohnungen gesamt	14 126.2	3 994.5	28,3	8 493.7	937.9	11,0	22 619.9 + 741.1 Wohnungen leerstehend bzw. ohne eindeutige Zuordnung	4 932.4	21,8
							23 361.0		

[1] bewohnte Wohnungen, Ergebnis der 1%-Wohnungsstichprobe 1978

Quellen: Statistisches Bundesamt Wiesbaden, 1%-Wohnungsstichprobe 1978
Gesamtverband gemeinnütziger Wohnungsunternehmen, Jahresstatistik 1979
Neue Heimat Hamburg, Jahresstatistik 1979

zu Anlage 13 Seite 117

Bundesrepublik Deutschland [1]
Mietwohnungen

Baujahr	Gemeinnützige Wohnungsunternehmen			Neue Heimat		
	Anzahl in 1 000	davon öffentl. gef.	v.H.	Anzahl in 1 000	davon öffentl. gef.	v.H.
1. bis 31.12.1918 fertiggestellt	93.7	–	–	4.5	–	–
2. 01.01.1919 – 20.06.1948 fertiggestellt	531.9	–	–	18.0	–	–
= Altbauwohnungen	625.6	–	–	22.5	–	–
3. 21.06.1948 – 31.12.1956 fertiggestellt	905.5	818.5	90,4	73.6	65.3	88,7
4. seit 01.01.1957 fertiggestellt	1 768.0	1 563.4	88,4	218.3	193.9	88,8
= Neubauwohnungen	2 673.5	2 381.9	89,1	291.9	259.2	88,8
Summe 1 – 4 Wohnungen gesamt	3 299.1	2 381.9	72,2	314.4	259.2	82.4
				+	31.2 steuerbegünstigt	
				+	1.5 freifinanziert	

[1] bewohnte Wohnungen, Ergebnis der 1%-Wohnungsstichprobe 1978

Quellen: Statistisches Bundesamt Wiesbaden, 1%-Wohnungsstichprobe 1978

Gesamtverband gemeinnütziger Wohnungsunternehmen, Jahresstatistik 1979

Neue Heimat Hamburg, Jahresstatistik 1979

Anlage 14: Produktionsstruktur der Neuen Heimat von 1970-1980

Jahr	Wohnungs-Fertigstellungen der NEUEN HEIMAT insgesamt (In- und Ausland)	davon entfallen auf					
		Mietwohnungen	v.H.	Eigenheime/ Eigentumswohnungen	v.H.	für Dritte betreute Wohnungen	v.H.
1970	12 096	2 529	20,9	1 281	10,6	8 286	68,5
1971	15 158	5 010	33,1	2 586	17,1	7 562	49,8
1972	21 917	6 784	30,9	3 744	17,1	11 389	52,0
1973	21 750	7 818	35,9	4 906	22,6	9 026	41,5
1974	16 768	5 957	35,3	3 180	19,0	7 631	45,5
1975	15 435	6 473	41,9	2 353	15,3	6 609	42,8
1976	16 657	5 997	36,0	2 589	15,5	8 071	48,5
1977	17 687	4 201	23,8	3 666	20,7	9 820	55,5
1978	10 557	2 234	21,2	3 852	36,5	4 471	42,3
1979	9 282	2 618	28,2	3 483	37,5	3 181	34,3
1980	8 376	2 649	31,6	3 456	41,3	2 271	27,1

Quelle: Unternehmensgruppe NEUE HEIMAT;-Jahresbericht 1979/80, Seite B 6
-interne Statistiken (Jahr 1980)

Anlage 15: Anteile der Kostenarten an den Gesamtkosten pro m² Wohnfläche sowie ausgewählte Vergleichsdaten von 1970-1980 (vollgeförderte reine Wohnbauten)

Wohngebäude mit 3 und mehr Wohnungen

Gesamtkosten Kostenarten	1970	1971	1972	1973	1974	1975	1976	1977	1978	1979	1980
Gesamtkosten je m² Wohnfläche											
DM	914	1 083	1 201	1 316	1 449	1 523	1 628	1 670	1 733	1 920	2 227
v.H.	100	100	100	100	100	100	100	100	100	100	100
Meßziffer¹	100	118	131	143	158	166	178	182	189	210	244
davon entfielen Kosten auf:											
– Baugrundstück											
DM	64	70	72	83	104	125	142	143	140	146	176
v.H.	7,0	6,4	6,0	6,3	7,2	8,2	8,7	8,6	8,1	7,6	7,9
Meßziffer¹	100	109	112	129	162	195	221	223	218	228	275
– Erschließung											
DM	26	30	35	37	43	44	42	39	44	44	46
v.H.	2,8	2,8	2,9	2,8	3,0	2,9	2,6	2,3	2,5	2,3	2,1
Meßziffer¹	100	115	134	142	165	169	161	150	169	169	176
– Bauwerk											
DM	654	781	867	927	996	1 049	1 103	1 160	1 221	1 367	1 597
v.H.	71,6	72,2	72,2	70,4	68,7	68,9	67,7	69,5	70,5	71,2	71,7
Meßziffer¹	100	119	132	141	152	160	168	177	186	209	244
– Außenanlagen											
DM	29	35	41	61	63	72	76	78	82	94	106
v.H.	3,2	3,2	3,4	4,6	4,4	4,7	4,7	4,7	4,7	4,9	4,8
Meßziffer¹	100	120	141	210	217	248	262	268	282	324	365
– Bauneben- und sonstige Kosten											
DM	141	167	186	208	243	232	265	250	246	269	302
v.H.	15,4	15,4	15,5	15,9	16,7	15,3	16,3	14,9	14,2	14,0	13,5
Meßziffer¹	100	118	131	147	172	164	187	177	174	190	214

zu Anlage 15 Seite 120

Wohngebäude mit 1 oder 2 Wohnungen

Kostenarten	1970	1971	1972	1973	1974	1975	1976	1977	1978	1979	1980
Gesamtkosten je m² Wohnfläche											
DM	1 035	1 167	1 287	1 437	1 658	1 685	1 784	1 854	2 004	2 175	2 404
v.H.	100	100	100	100	100	100	100	100	100	100	100
Meßziffer[1]	100	112	124	138	150	162	172	179	193	210	232
davon entfielen Kosten auf:											
– Baugrundstück											
DM	94	96	104	157	148	174	217	205	229	251	283
v.H.	9,1	8,2	8,1	10,9	9,5	10,3	12,2	11,1	11,4	11,5	11,8
Meßziffer[1]	100	102	110	167	157	185	230	218	243	267	301
– Erschließung											
DM	36	38	43	48	54	52	60	65	69	72	75
v.H.	3,5	3,3	3,3	3,3	3,5	3,1	3,4	3,5	3,4	3,3	3,1
Meßziffer[1]	100	105	119	133	150	144	166	180	191	200	208
– Bauwerk											
DM	767	886	986	1 081	1 184	1 267	1 308	1 378	1 483	1 613	1 775
v.H.	74,1	75,9	76,6	75,2	76,0	75,2	73,3	74,3	74,0	74,2	73,8
Meßziffer[1]	100	115	128	140	154	165	170	179	193	210	231
– Außenanlagen											
DM	33	34	37	45	48	48	58	62	68	75	84
v.H.	3,2	2,9	2,9	3,2	3,1	2,9	3,2	3,3	3,4	3,4	3,5
Meßziffer[1]	100	103	112	136	145	145	175	187	206	227	254
– Baunebenkosten und sonstige Kosten											
DM	104	112	117	106	124	144	141	144	155	164	187
v.H.	10,1	9,7	9,1	7,4	7,9	8,5	7,9	7,8	7,8	7,6	7,8
Meßziffer[1]	100	107	112	101	119	138	135	138	149	157	180

zu Anlage 15 Seite 120

Zum Vergleich: Die Entwicklung ausgewählter Einkommen und Preise

	1970	1971	1972	1973	1974	1975	1976	1977	1978	1979	1980
Ausgabefähige Einkommen/Ausgaben je Monat[2] DM	1256,19	1427,36	1572,71	1761,02	1934,01	2200,24	2351,90	2458,55	2639,87	2826,80	2992,69
Meßziffer[1]	100	114	125	140	154	175	187	196	210	225	238
Preisindex für die Lebenshaltung[3] 1970 = 100	100	105,2	110,8	118,3	126,3	134,0	139,8	144,7	148,4	154,1	162,2
- darunter Wohnungsmiete insgesamt 1970 = 100	100	106,0	112,2	118,7	124,6	132,3	138,9	143,6	147,8	152,5	160,3
Preisindex für Wohngebäude insgesamt[4] 1970 = 100	100	110,3	117,8	126,4	135,6	138,9	143,7	150,6	159,9	174,0	192,6
Baulandpreise baureifes Land DM	30,74	33,56	40,23	40,77	40,34	44,08	48,80	53,98	59,91	69,17	82,01 (90,10)x)
Meßziffer[1]	100	109	131	133	131	143	159	176	195	225	266 (293)x)

x) 1. Quartal 1981

1 Meßziffer: 1970 = 100
2 4-Personen-Arbeitnehmer-Haushalt mit mittlerem Einkommen
3 4-Personen-Arbeitnehmer-Haushalt mit mittlerem Einkommen
4 einschl. Mehrwertsteuer

Quellen: Statistisches Bundesamt Wiesbaden
- Statistische Jahrbücher 1971-1981
- Preise und Preisindizes für die Lebenshaltung, Reihe 7, Fachserie 17
- Meßzahlen für Bauleistungspreise und Preisindizes für Bauwerke, Reihe 4, Fachserie 5
- Bewilligungen im sozialen Wohnungsbau, Reihe 2, Fachserie 5
eigene Berechnungen

Anlage 16: Mietbelastungsquote¹ für verschiedene "Indexhaushalte" 1950, 1960, 1970 und 1980

	1950	1960	1970	1980
Haushaltstyp 1				
Ausgabefähiges Einkommen DM 2	keine statistischen Angaben vorhanden	285,60	564,05	1 347,80
Wohnungsmiete DM 3		37,82	106,19	262,24 (258,26)4
Anteil v.H.		13,2	18,8	19,5
Haushaltstyp 2				
Ausgabefähiges Einkommen DM 2	305,08	666,05	1 256,19	2 992,69
Wohnungsmiete DM 3	29,85	63,77	168,45	400,51 (350,62)4
Anteil v.H.	9,8	9,6	13,4	13,4
Haushaltstyp 3				
Ausgabefähiges Einkommen DM 2	keine statistischen Angaben vorhanden	1 898,15 (1964)	2 374,64	4 991,30
Wohnungsmiete DM 3		200,59	261,63	587,20 (504,01)4
Anteil v.H.		10,6	11,0	11,8

1 Mietbelastungsquote = Ausgaben für Wohnungsmiete in v.H. des ausgabefähigen Einkommens

2 einschl. erhaltenem Wohngeld u.ä.

3 einschl. Mietwert für Eigentümerwohnungen sowie Untermieten u.ä.

4 ohne Eigentümerwohnungen, nur Hauptmieterhaushalte

Haushaltstyp 1: 2-Personen-Haushalt von Rentnern und Sozialhilfeempfängern mit geringem Einkommen

Haushaltstyp 2: 4-Personen-Arbeitnehmerhaushalte mit mittlerem Einkommen

Haushaltstyp 3: 4-Personen-Haushalte von Beamten und Angestellten mit höherem Einkommen

Quellen: Statistisches Bundesamt Wiesbaden
- statistische Jahrbücher für die Bundesrepublik Deutschland Jahrgänge 1951, 1961, 1971, 1981
- Wirtschaft und Statistik, Heft 6/1981, S. 461

zu Anlage 16: Ausgaben für Wohnungsmiete sowie Elektrizität, Gas, Brennstoffe ausgewählter privater Haushalte je Haushalt und Monat in der BRD von 1960-1980

Haushaltstyp 1

2-Personen-Haushalte von Renten- und Sozialhilfeempfängern mit geringem Einkommen

Jahr	Wohnungsmiete 1 DM	Anteil an den Ausgaben für den privaten Verbrauch insgesamt v.H.	Elektrizität Gas Brennstoffe DM	Anteil an den Ausgaben für den privaten Verbrauch insgesamt v.H.
1960	37,82	13,9	21,65	7,9
1961	40,37	14,5	22,60	8,1
1962	42,88	14,1	24,03	7,9
1963	47,90	14,1	27,39	8,0
1964	52,39	14,7	26,97	7,5
1965	62,33	16,2	27,11	7,1
1966	70,93	16,9	28,69	6,8
1967	78,39	18,5	30,91	7,2
1968	85,32	19,4	34,39	7,8
1969	97,88	20,7	37,57	8,0
1970	106,19	20,5	40,07	7,7
1971	115,41	20,3	38,91	6,8
1972	127,64	20,6	42,34	6,8
1973	140,17	20,7	50,97	7,5
1974	159,97	21,2	56,77	7,5
1975	181,90	22,2	62,04	7,6
1976	198,22	22,6	67,91	7,7
1977	205,75	22,2	75,90	8,2
1978	221,40	22,4	71,46	7,2
1979	242,79	22,6	96,94	9,0
1980	262,24	22,4	102,92	8,8

zu Anlage 16 Seite 124

Haushaltstyp 2

4-Personen-Arbeitnehmerhaushalte mit mittlerem Einkommen

Jahr	Wohnungsmiete 1 DM	Anteil an den Ausgaben für den privaten Verbrauch insgesamt v.H.	Elektrizität Gas Brennstoffe DM	Anteil an den Ausgaben[3] für den privaten Verbrauch insgesamt v.H.
1960	64,49	10,4	28,63	4,6
1961	68,37	10,2	31,10	4,6
1962	74,41	10,0	34,66	4,7
1963	80,83	10,2	40,66	5,2
1964	89,32	10,8	37,03	4,5
1965	98,35	11,2	39,52	4,5
1966	113,55	12,2	40,69	4,4
1967	125,63	13,8	42,92	4,7
1968	140,75	15,2	45,42	4,9
1969	157,47	15,6	49,33	4,9
1970	168,45	15,5	50,82	4,7
1971	182,69	15,0	55,30	4,5
1972	209,09	15,9	57,65	4,4
1973	227,44	15,5	73,01	5,0
1974	254,49	15,9	80,07	5,0
1975	279,52	15,5	91,09	5,1
1976	306,88	15,7	102,46	5,2
1977	324,89	15,6	109,67	5,3
1978	339,19	15,8	108,27	5,0
1979	361,86	15,5	148,68	6,4
1980	400,51	16,4	158,85	6,5

1 einschließlich Mietwert für Eigentümerwohnungen, Untermieten u.ä.

Quellen: Statistisches Bundesamt Wiesbaden
Statistische Jahrbücher für die Bundesrepublik Deutschland, Jahrgänge 1961-1981

zu Anlage 16: Einkommen, Wohnkosten und Wohngeld der Wohngeldempfänger im Durchschnitt 1980

Haushaltsgröße	Bruttoeinnahmen[1]	Familieneinkommen[2]		Miete/Belastung		Wohngeld	Selbstzutragende Wohnkosten[3]	
		insges.	Anteil an den Bruttoeinnahmen	insges.	Anteil an den Bruttoeinnahmen		insgesamt	Anteil an den Bruttoeinnahmen
Personen (1)	DM (2)	DM (3)	v.H. (4)	DM (5)	v.H. (6)	DM (7)	DM (8)	v.H. (9)
1	874	577	66,0	221	25,3	73	148	16,9
2	1 201	787	65,5	294	24,5	97	197	16,4
3 und 4	1 702	1 050	61,7	413	24,3	119	294	17,3
5 und mehr	2 745	1 505	54,8	524	19,1	135	389	14,2
insgesamt	1 137	723	63,6	274	24,1	86	188	16,5

1 Alle Einnahmen der zum Haushalt rechnenden Familienmitglieder in Geld oder Geldeswert ohne Rücksicht auf ihre Quelle und ohne Rücksicht darauf, ob sie als Einkünfte im Sinne des Einkommensteuergesetzes steuerpflichtig sind oder nicht.

2 Gesamtbetrag der Einnahmen aller zum Haushalt rechnenden Familienmitglieder abzüglich Werbungskosten u.ä.

3 ohne Heizung (Anm. des Verfassers)

Quelle: Wohngeld und Mietenbericht der Bundesregierung 1981 (Manuskript), S. 21